U0684492

XINXIHUA

BEIJINGXIA DE

CAIWU GUANLI TANJIU

信息化背景下的

陈平 著

财务管理探究

山西出版传媒集团 山西人民出版社

图书在版编目（CIP）数据

信息化背景下的财务管理探究 / 陈平著 .—太原：
山西人民出版社,2024.4

ISBN 978-7-203-13215-8

Ⅰ．①信…　Ⅱ．①陈…　Ⅲ．①财务管理—研究
Ⅳ．① F275

中国国家版本馆 CIP 数据核字（2024）第 045304 号

信息化背景下的财务管理探究

著　者：	陈 平
责任编辑：	吴春华
复　审：	吕绘元
终　审：	武 静
装帧设计：	赵 冬

出 版 者：山西出版传媒集团·山西人民出版社
地　　址：太原市建设南路21号
邮　　编：030012
发行营销：0351-4922220　4955996　4956039　4922127（传真）
天猫官网：https://sxrmcbs.tmall.com　电话：0351-4922159
E－mail：sxskcb@163.com　发行部
　　　　　sxskcb@126.com　总编室
网　　址：www.sxskcb.com

经 销 者：山西出版传媒集团·山西人民出版社
承 印 厂：山西省教育学院印刷厂

开　　本：787mm×1092mm　　1/16
印　　张：11.5
字　　数：230千字
版　　次：2024年4月　第1版
印　　次：2024年4月　第1次印刷
书　　号：ISBN 978-7-203-13215-8
定　　价：78.00元

如有印装质量问题请与本社联系调换

前言

信息化发展不仅成为社会经济发展的重要驱动力，也给企业财务管理带来一场前所未有的变革。财务管理学作为一门研究财务管理理论和方法的学科，越来越受到理论界和实务界的关注。"信息化＋财务管理"，根源在于信息化发展。信息化在财务管理的控制和决策中起重要作用，网络技术为现代财务管理的顺利实施提供了技术保障，同时财务管理过程本身是信息资源的利用过程。

本书根据广东省教育厅 2021 年度重点建设学科科研能力提升项目"未来会计人才培养的实践体系研究"（2021ZDJS134）的研究成果撰写而成，主要探究信息化背景下的财务管理。全书从财务管理基本理论介绍入手，对财务管理信息化及应用进行了详细分析；并对信息化背景下企业筹资管理、投资管理、营运资金管理、预算与成本管理做了介绍；同时还针对信息化背景下企业财务管理创新路径、财务管理转型与优化提出一些建议，旨在摸索出一条适合财务管理工作创新的科学道路。

笔者致力于为财会专业学生或财务工作者提供适应时代背景的最新学习素材，并且在写作过程中参考和借鉴了大量的文献资料，最终在广州华商学院的资助下顺利出版本书。在此，笔者特地表达深深的敬意和诚挚的感谢。由于笔者水平有限，书中难免有疏漏与不足，敬请广大读者批评指正。

目录

第一章 财务管理基本理论

第一节 财务管理内涵及目标

一、财务管理内涵

关于企业财务管理内涵的理解，我们可以从企业资金运动及由此产生的相关问题入手。在市场经济条件下，企业作为整个经济体系的基本构成单元，其有效运转是以客观存在的各种形式的资金运动为基础，如以生产、销售为主要内容的企业再生产过程和以取得、持有、转让资产为主要内容的各种投资活动等。

企业所有的资金运动都在一定的环境中实现，由此形成了各种与资金运动相关的行为活动，包括资金的筹集、资金的投放、资金的使用、收入的实现和分配等，我们称之为企业财务活动；同时，也形成各种关系，包括企业与政府的关系、企业与投资者的关系、企业与债权人的关系、企业与债务人的关系、企业内部的各种关系等，我们称之为企业财务关系。

（一）企业财务活动

企业财务活动，主要包括资金的筹集、资金的投放、资金的使用、收入的实现和分配等。

1. 资金的筹集

拥有一定的资金是企业进行生产经营的前提，因此企业需要从各种渠道筹集资金。企业筹集资金，必须选择恰当的筹资方式，确定合理的资金结构。企业资金的筹集主要有两种不同的来源：一种是通过吸收直接投资、发行股票、企业内部留存盈余等方式从投资者处取得的自有资金；另一种是通过向银行借款、发行债券、各项应付款项等方式从债权人处取得的债务资金。企业筹集资金形成企业资金的流入，同时企业取得、使用资金也要付出代价，代价便是各种筹资费用，如手续费、发行费用、利息费用、股利等。可见，企业资金的筹集活动，主要涉及筹资规模的确定、筹资方式的选择、筹资活动的实施及各项筹资费用的支付。

2. 资金的投放

企业只有将取得的资金投入生产经营，纳入资金运动，才会实现收益，因此企业需要进行各种形式的投资活动。企业资金可以用于购买固定资产、无形资产或流动资产等，形成企业内部投资；企业资金也可以用于购买其他企业的股票、债券或与其他企业联合经营，形成企业对外投资。企业投资活动会形成不同的资金占用形式，并由此产生各种投资收入。因此，企业资金投放活动，主要涉及投资项目的选择、投资活动的实施及各项投资收入的实现。

3. 资金的日常收支

企业在运转过程中，会发生各种形式的资金收支，包括销售实现的资金收入，购买材料、支付工资、支付各项费用等发生的资金流出等。企业日常资金收支活动，主要涉及企业各项营运资金的增减变化活动。

4. 财务成果的分配

企业生产经营的财务成果，要在不同的投资者间进行分配，并由此形成资金的流出。企业财务成果分配活动，主要包括相关股利政策的选择、实际支付方式和时间的选择与具体操作活动。

（二）企业财务关系

企业财务关系，包括企业与政府的关系、企业与投资者的关系、企业与债权人的关系、企业与债务人的关系、企业内部的各种关系等。

1. 企业与政府的关系

企业与政府的关系，表现为两种不同性质的关系：一种是政府作为社会管理者与企业发生的关系；另一种是政府作为投资者与企业发生的关系。政府作为社会管理者与企业发生的关系，主要包括企业在生产经营过程中应当按照国家及各级政府的法律法规合法经营，并缴纳各种税费，如所得税、流转税及其他税费等。政府作为投资者与企业发生的关系，主要是指国家通过有权代表其投资的部门或机构以国有资产的方式对企业进行投资所而形成的财务关系。国家或各级政府作为投资者，有权参与企业的经营决策、利润分配等。

2. 企业与投资者的关系

投资者向企业投资后，成为企业的所有者，有权参与企业经营决策、利润分配等，从而形成与企业间的经济关系。企业的所有者有义务按照投资合同、协议、章程出资以形成企业的资本金；同时，企业应当按照所有者的出资比例或协议进行利润分配、财产分配。

3. 企业与债权人的关系

企业向债权人借入资金，从而与债权人形成了债权债务关系，如按照借款合同约定企业按时还本付息，债权人提供资金等。

4.企业与债务人的关系

企业向债务人提供资金，从而与债务人形成了债权债务关系，如企业作为债权人有权要求债务人按照合同按时支付本金、利息等。

5.企业内部的各种关系

由于企业分权管理、企业各职能部门之间分工协作等方面的原因，企业内部各单位之间会形成各种经济关系，如资金调拨、相互提供产品或劳务等形成的内部资金结算等。

企业内部存在的另外一种经济关系，是企业与职工的关系。企业与职工的财务关系主要包括核算并向职工支付各种形式的工资和津贴。

（三）财务管理的内涵

财务管理作为企业管理的一部分，是组织企业财务活动、处理企业财务关系的一项综合性经济管理活动。财务管理作为企业管理的重要构成部分，与企业其他管理活动相比，其主要特征表现为：①财务管理以价值管理为核心。企业财务管理首先是利用各种价值指标来安排各项经济活动。②财务管理作为企业管理的一部分，具有管理活动所具备的计划、组织、控制、指挥与协调的职能，但侧重于各项财务决策和财务控制，如筹资决策、投资决策、资金控制等。

财务管理学，也称财务学，又称理财学，是一门研究财务管理理论和方法的学科体系。由于财务的本质是资金及其运动规律，所以财务管理学是研究资金及其运动规律的科学，具体包括财务基本理论、基本方法以及财务管理的应用理论与方法。

二、财务管理目标

（一）企业目标

企业目标基本可以分为企业的生存目标与发展目标，由于企业发展的前提条件是生存，所以人们习惯上将企业目标认定为企业的发展目标。一直以来，学术界对于企业目标的定义存在一定的争议，学者主要的观点有利润最大化、股东财富最大化、经济效益最大化、企业价值最大化、社会责任等。衡量各种企业目标的优点和缺陷，我们发现，企业价值最大化是一个综合性的目标。

企业目标是一个多元化的复合体，必须反映投资者、债权人、经营者以及有关利害的集团和个人的意愿，才能使企业在处理各种内外部变量中达到协调和均衡。同时，企业作为各种契约的集合，所有者和经营者、经营者和管理者、债权人和企业之间普遍存在着委托代理关系。由于信息的不对称和利益效用函数的差异，因此委托者需要对代理者进行监督和激励，但考虑到代理成本递增的特点，委托者对经营者进行监督和激励的同时，必须协调各方利益效用函数的差异。所以必须有一种共同的目标，即企业目标，把各方面利害关系的人联系在一起，这就是企业价值最大化目标。

企业价值最大化目标是指企业通过合理经营，采取最优的经营策略和财务政策，充分考虑货币时间价值和风险与报酬，在保证稳定发展的基础上使企业总价值达到最大化。理论上讲，各个利益集团的目标都可以折中为企业长期稳定的发展和企业价值的不断增长，各个利益集团都可以通过此目标实现其最终目的。

（二）财务管理的目标

企业财务管理的目标是企业财务管理活动所要达到的最终目的，主要是为企业筹划财务管理策略，以追求不同表现形式的最大效益与效率。由于最大效益与效率是过于笼统的目标，所以需要对企业财务管理目标进一步层次化、具体化。

1.财务管理的一般目标

按照现行企业财务管理理论和实践，具有代表性的财务管理，其总体目标有以下几种：

（1）利润最大化

企业利润最大化是西方古典经济理论的基础，以利润最大化作为企业财务管理的目标，其理论基础就是古典经济理论。按照这一观点，企业利润代表了企业的整体经营成果，反映了企业经营的效益与效率，企业利润越大越好，企业财务管理活动应当以使企业利润达到最大化为出发点。利润最大化作为企业财务管理的目标，优点是直观、明确、容易计算、便于分解落实。正是由于上述优点，利润最大化观点在实践中得到普遍关注。

（2）每股盈余或资本利润率最大化

每股盈余或资本利润率最大化作为企业财务管理目标观点的提出，主要是为了避免以利润最大化作为财务管理目标而没有考虑投入与产出关系的缺陷。以每股盈余或资本利润率最大化作为企业财务管理的目标，可以对不同规模的企业、企业的不同期间、企业不同投资规模的项目等进行比较分析，以做出相应的决策。

每股盈余或资本利润率最大化作为企业财务管理目标，其优点除了包括直观、明确、容易理解外，还考虑了投入与产出的关系。但是，将每股盈余或资本利润率最大化作为企业财务管理目标，仍然没有考虑时间因素的影响，没有考虑风险因素的影响。

（3）股东财富最大化

以上市公司为例，股东的财富由其持有的股份数量和每股股价来决定，当股东持有的股份达到一定数量时，股票价格成为决定股东财富的关键因素，因此股东财富最大化目标有时被描述为股票价格最大化。

以股东财富最大化或股票价格最大化作为财务管理的目标，考虑了多方面因素的影响，包括企业盈利能力、时间因素、风险因素等，同时避免了以利润最大化为基础的各项目标造成的企业短期行为。

（4）企业价值最大化

由于企业价值的决定因素很多，因此以企业价值最大化作为企业财务管理的目标，其优点是综合考虑了各方面的因素，包括企业未来获利能力、货币时间价值、风险因素等。另外，这一观点还充分考虑了利益相关者的要求和影响，从而使各方利益协调，并最终实现各方契约者的利益目标。但是，企业价值的确定是个复杂的问题，非公开上市的企业需要进行专门的评估，而评估标准和方法都会影响评估结果；上市公司虽然可以通过股票价格来确定，但股票价格又受到多种因素的影响，其中包括不可控的因素。因此，企业价值最大化成为一个过于抽象的目标。

2. 财务管理的具体目标

在企业的实际运转过程中，按照财务管理的具体内容，企业财务管理的总体目标被进一步具体化，如企业筹资管理目标、企业投资管理目标、企业营运资金管理目标等。另外，财务管理的目标也具有层次性的特点，在总体目标下又表现为不同经营环节的目标，如收入中心的收入最大化目标、成本中心的成本最小化目标、人为利润中心的虚拟利润最大化目标等。

第二节　财务管理环境

企业在一定的环境条件下运行，很多环境因素时刻影响着企业的各项活动，其中包括财务管理活动。企业财务管理环境是指对企业财务活动产生影响的各种外部环境，主要涉及经济环境、法律环境和金融市场环境。

一、经济环境

企业财务管理的经济环境是指企业进行财务活动所处的宏观和微观经济条件，主要包括以下几个方面：

（一）宏观经济运行状况

国家乃至国际的宏观经济运行状况对企业财务活动有着重要的影响。宏观经济增长速度较快，经济繁荣，都会助推企业快速发展，从而需要更多的资金投入以推动企业运转和发展。因此，一般情况下，企业需要筹集资金。相反，宏观经济增长缓慢，经济衰退，都会给企业带来直接的影响，如影响企业销售、生产等，从而影响企业财务活动。

（二）政府经济政策

政府经济政策，如国民经济发展规划、国家产业政策、货币政策、财政政策、行政法规的变化等，都对企业财务活动产生很大的影响，如企业所处的行业是国家重点发展扶持的行业、有利的货币政策或有利的税收政策等，都会给企业资金筹措、投放等财务活动带来有利的影响；相反，则会给企业财务活动的进行造成障碍。

（三）物价波动水平

物价水平的变化，直接影响到企业的销售和材料、人工等各项成本，也直接影响到企业投资的回报水平及企业对资金的需求。例如，企业产品售价上升，则企业收入增加，相应的资金也比较充裕，投资回报上升；相反，如果企业生产产品所需原料价格上升，则企业成本增加，投资回报下降，对资金的需求也会增加。

（四）利率波动水平

利率水平的变化，直接表现为企业取得和使用资金的成本水平的升降，也直接表现为企业既定投资回报水平的高低。例如，企业发行长期债券时利率水平下降，则企业的资金成本下降；相反，则资金成本上升。再如，企业取得固定利率的长期债券投资后利率水平下降，则企业获得了由此带来的好处；相反，如果利率水平上升，则企业由此会带来潜在的损失。

（五）竞争程度

市场经济条件下，竞争普遍存在，任何企业都会面对不同程度的产品、技术、人才、资源等竞争。竞争程度的加剧，会促使企业不断地改进技术、提高产品质量、进行多元化经营或扩大规模以减少经营的风险，扩大对市场份额。所有这一切，企业都需要筹集和分配资金，并影响到由此产生的所有财务活动。

（六）销售与供应市场

销售与供应市场对企业财务活动也有重大影响，如企业所经营的产品，销售市场发展迅速，需求不断增加，则企业会实现更多的收入，资金充裕，运转有效；相反，如果企业所经营的产品，销售市场不断萎缩，需求逐渐减少，则企业实现的收入将会越来越少，资金周转也会出现困难。再如，企业所需要的原料等供应充足，价格稳定，则企业的生产、销售活动会正常进行；相反，如果供应紧张或价格波动，就会给企业的生产经营造成不利影响，并最终体现在资金运转上。

二、法律环境

企业财务管理的法律环境是指影响企业财务活动的各种法律因素，包括各种相关的法律法规和制度规定。影响企业财务活动的法规主要涉及企业组织法规、税务法规、财务法规及其他相关法规。

（一）企业组织法规

作为以营利为目的的一种组织，企业的组建及运行必须遵循有关企业组织法规的要求。由于企业存在多种形式，不同形式的企业应当遵循不同的组织规范。

企业组织法规对企业的设立条件、设立程序、组织机构、变更和终止的条件程序做了规定；对企业的资本限额、资本的取得方式、利润的分配等也做了规定。因此，企业组织法规在众多方面影响着企业的财务活动。

（二）税务法规

任何企业都应当按照有关税法的要求足额、及时纳税，企业缴纳税金会影响企业现金的流出量，更多的税种会影响企业的净收益。因此，企业纳税会影响企业的财务活动。

影响企业的税种主要包括企业所得税、各种流转税及其他税种，相应的税务法规也主要由所得税法规、各种流转税法规及其他地方税法规构成。

（三）财务法规

直接影响着企业财务活动的法规，还包括各种财务法规。

三、金融市场环境

作为市场经济体系的重要组成部分，无论是政府进行宏观调控，还是企业财务活动正常进行，金融市场都发挥着重要的作用，其功能主要体现在融通资金、优化资源配置、分散和转移投资风险、传递信号等方面。

企业许多财务活动需要通过金融市场来进行。金融市场是指资金供给者和资金需求者双方通过信用工具进行交易而融通资金的市场。与其他交易市场相比，金融市场的特点表现为：金融市场的交易对象是货币资金；金融市场的交易主体涵盖各种进行金融交易的市场参与者，包括筹资者、投资者、中介机构和监管机构；金融市场的交易工具是指各种金融工具，包括股票、债券、期权合约、商业票据等；金融市场的组织方式是指各种交易形式，包括交易所方式、柜台交易方式、中介方式等。

（一）金融市场的分类

金融市场可以按照不同的标准进行分类，一般有以下几种：

1. 按照交易对象进行分类

按照交易对象的不同，金融市场可以划分为资金市场、外汇市场和黄金市场。资金市场是指进行资金借贷的市场，包括交易期限在 1 年以内的货币市场和交易期限在 1 年以上的资本市场。外汇市场主要满足交易者对外汇的需求，由外汇供需双方和外汇交易中介机构组成。目前，世界上主要的外汇市场有伦敦、纽约、东京、苏黎世、新加坡、中国香港、法兰克福等著名的国际金融中心。黄金市场是专门进行黄金买卖的金融市场，主要有现货交易和期货交易两种。目前，世界上主要的黄金市场有伦敦、纽约、苏黎世、中国香港和芝加哥。

2. 按照融资期限进行分类

按照融资期限的长短，金融市场可以划分为货币市场和资本市场。

（1）货币市场

货币市场是指交易期限在 1 年以内的短期金融市场，主要包括短期存贷市场、银行同业拆借市场、商业票据市场、可转让定期存单市场、贴现市场、短期债券市场等。

（2）资本市场

资本市场是指交易期限在 1 年以上的长期金融市场，主要包括长期存贷市场、长期债券市场、股票市场等。

3. 按照证券发行或交易的程序进行分类

按照证券发行或交易的程序进行分类，金融市场可以划分为一级市场和二级市场。一级市场，也称发行市场，是指发行证券的市场，包括股票发行市场和债券发行市场；二级市场，也称交易市场，是指进行证券买卖和转让的交易市场。

（二）金融机构

在金融市场上，融通资金有直接融资和间接融资两种方式。直接融资是指资金供需双方直接进行金融交易活动，不需要通过金融机构，如公司在证券市场上通过发行股票筹集资金。间接融资是指资金供需双方需要通过中介机构作为媒介进行金融交易活动，如银行的存贷款。间接融资需要通过中介机构，即金融机构，它一般可以划分为银行金融机构和非银行金融机构。

1. 银行金融机构

银行金融机构在金融市场上起着非常重要的作用。按照职能的不同，银行一般分为中央银行、商业银行和专业银行三类。

（1）中央银行

中央银行是代表政府管理金融活动的机构，一般不参与具体的金融交易活动，主要职能是制定和执行国家金融政策、发行货币，对其他银行和非银行金融机构进行监督管理等。

（2）商业银行

商业银行是以经营存款、贷款，办理转账结算为主要业务，以营利为主要经营目标的金融企业。

（3）专业银行

专业银行是指经营指定范围的金融业务和提供专门金融服务的银行。许多专业银行通常不以营利为目的，如世界银行、亚洲开发银行等。

2. 非银行金融机构

非银行金融机构主要包括保险公司、证券公司、共同基金、养老基金等。

（1）保险公司

保险公司是将投保者的资金集中起来，当被保险者发生保险条例所列事项时进行赔偿的金融机构。保险公司从投保者处集中的大量资金，可以用于各种投资活动。由于保险公司本身的经营特点，它一般投资于政府债券、投资基金等。

（2）证券机构

证券机构是指从事证券业务的机构，主要包括证券公司、证券交易所和登记结算公司。证券公司，主要业务是推销政府债券、企业债券和股票，代理买卖和自营买卖已经上市流通的各类有价证券，参与企业收购、兼并，充当企业财务顾问等。证券交易所，主要业务是提供证券交易的场所和设施，制定证券交易业务规则，接受上市申请并安排上市，组织、监督证券交易，对会员和上市公司进行监督等。登记结算公司，主要业务是办理证券交易所有权转移时的过户和资金结算。

（3）投资基金

投资基金，也称共同基金，是一种进行集合投资的金融机构，通常由基金发起人发行基金证券，汇集一定数量的资金，委托由投资专家组成的专门投资机构进行各种分散的投资组合，投资者按照出资比例分享投资收益，并共同承担投资风险。

（4）养老基金

养老基金是一种特殊的共同基金，是将职工用于养老的资金汇集起来，由专门的金融机构进行合理的投资组合，以增加基金的收益。

（5）信托投资公司

信托投资公司，主要是以受托人的身份代人理财，主要业务包括经营资金和财产委托、代理财产保管、金融租赁、经济咨询、进行投资等。另外，我国还存在类似于投资银行的财务公司。我国的财务公司亦称企业集团财务公司，是以企业集团资金集中管理和提高企业集团资金使用效率为目的，为企业集团成员单位提供财务管理服务的非金融机构。财务公司的业务主要限定在本集团内，不得从企业集团之外吸收存款，也不得对非集团单位和个人贷款。

（6）金融租赁公司

金融租赁公司，是指办理融资租赁业务的公司组织，主要业务包括动产和不动产的租赁、转租赁、回租租赁业务。

（三）利率

在金融市场上，资金作为一种特殊的商品进行交易，利率是资金的交易价格。

1.利率的分类

（1）官方利率和市场利率

官方利率是政府通过中央银行确定公布，并且各银行都必须执行的利率，主要包括中央银行基准利率、金融机构对客户的存贷款利率等。市场利率是金融市场上资金供需双方交易形成的利率，随着资金供需状况的变化而变化，包括同业拆借利率、国债二级市场利率等。

（2）基准利率和套算利率

基准利率，也称基本利率，是指在多种利率并存的条件下起决定作用的利率。基准利率在利率变动中起决定作用，其他利率要随着基准利率的变动而变动。西方国家中央银行的再贴现率、我国中国人民银行对商业银行贷款的利率都属于基准利率。套算利率，是指在基准利率的基础上，各个金融机构根据借贷款项的具体特点换算出的利率。

（3）实际利率和名义利率

实际利率，是指物价不变，从而购买力不变条件下的利率，或者是在物价变动时，扣除通货膨胀补偿后的利率。名义利率，是指包括对通货膨胀风险补偿后的利率。市场上的各种利率都是名义利率，实际利率一般是根据已知的名义利率和通货膨胀率推算出来的。

（4）固定利率和浮动利率

按照借贷期内是否调整利率，利率可以分为固定利率和浮动利率。固定利率，是指在借贷期内不做调整的利率。在通货膨胀的情况下，采用固定利率，对债权人，尤其是对长期贷款的债权人将带来损失，但对于资金使用者来讲则会带来好处。浮动利率，是指在借贷期内可以按照借贷双方的协议进行调整的利率。浮动利率可以减少利率水平波动对于借贷双方的影响，但手续比较繁杂，一般用于3年以上的借贷及国际金融市场。

2.影响利率的因素

在金融市场上，影响利率的因素较多，主要包括资金供需状况、国家货币政策和财政政策、经济周期、通货膨胀。

（1）资金供需状况

利率是金融市场中资金的交易价格，因此会随着特殊商品资金的供需变化而变化。利率随着资金供应量的增加而降低，并随着资金需求量的增加而上升，利率是供需的平衡点。

（2）国家货币政策和财政政策

国家宏观经济政策，尤其是国家货币政策和财政政策对金融市场的利率具有较大影响。例如，政府为了防止经济过热，通过中央银行减少货币供应，则资金供应减少，利率上升；相反，政府为了刺激经济发展，增加货币发行量，则资金供应增加，利率下降。

（3）经济运行状况

社会经济运行状况会对金融市场的利率产生影响，在经济快速发展时期，资金需求增加，利率水平会上升；相反，在经济衰退时期，资金需求减少，利率水平会下降。

（4）通货膨胀

通货膨胀会对金融市场的利率产生比较明显的影响。通货膨胀会引起利率水平的上升。

3. 利率的构成

一般来说，金融市场的利率由纯粹利率、通货膨胀附加率、变现力附加率、违约风险附加率及到期风险附加率构成，其中，变现力附加率、违约风险附加率及到期风险附加率属于风险报酬率。

（1）纯粹利率

纯粹利率，是指无通货膨胀、无风险情况下的平均利率。纯粹利率的高低受社会平均利润率、资金供需关系和相关国家政策的影响。确定纯粹利率很困难，一般以无通货膨胀条件下无风险证券的利率来代表纯粹利率，如无通货膨胀条件下国库券的利率。

（2）通货膨胀附加率

由于通货膨胀使货币贬值，投资者的真实报酬下降，因此资金供给者在提供资金时，会要求提高利率以补偿损失，这就是通货膨胀补偿率，或称通货膨胀附加率。一般，无风险证券的利率，可以看作由纯粹利率和通货膨胀附加率构成。

（3）变现力附加率

各种证券的变现能力不同，有的证券容易转让变现，而有的证券不容易转让变现，投资者由此承受着不同的证券变现能力风险。因此，投资者要求提高利率，以补偿证券变现能力方面的风险，这就是变现力附加率。证券的变现能力越差，投资者要求的变现力附加率就越高；相反，则越低。

（4）违约风险附加率

违约风险，是指由于借款人未能按时支付利息或偿还本金而给投资者带来的风险。投资人要求提高利率来补偿这种风险，这就是违约风险附加率。违约风险越大，投资者要求的违约风险附加率就越高；相反，则越低。一般通过证券评级来确定违约风险的大小，信用等级越低，违约风险越大，要求的违约风险附加率越高。

（5）到期风险附加率

到期风险，是指由于债务的期限较长而使投资者承担的不确定性因素所带来的风险。投资人要求提高利率来补偿这种风险，这就是到期风险附加率。一般，由于受到期风险的影响，长期利率会高于短期利率。但是，有时长期利率也会低于短期利率，因为短期投资存在着再投资风险，即投资的债券到期时，由于利率下降而找不到获利较高的投资机会所产生的风险。

（四）资本市场效率

资本市场效率，指资本市场有效配置资金的能力，或指资本市场调节和分配资金的效率，通常是指资本市场能否有效地利用各种信息来组织交易、确定金融资产价格。

有效市场假说（Efficient-Market Hypothesis，EMH）理论提出，有效资本市场是指资产的现有市场价格能够充分反映所有有关可用信息的资本市场。有效资本市场假说，是假设运行的资本市场是完全有效的。

第三节　财务管理原则

一、财务管理原则的含义与特征

财务管理原则，也称理财原则，是指人们对财务活动的共同认识。财务管理原则是企业财务管理工作必须遵循的准则，它是从企业财务管理实践中抽象出来并在实践中被证明是正确的行为规范，反映着企业理财活动的内在要求。企业财务管理原则具有以下特征：

第一，财务管理原则必须符合大量观察和事实，被多数人所接受。财务理论有不同的流派和争论，甚至存在完全相反的理论，而财务管理原则却不同，它们被现实反复证明并被多数人接受，具有共同认识的特征。

第二，财务管理原则是财务交易和财务决策的基础。财务管理实务是应用性的，"应用"是指理财原则的应用。各种财务管理程序和方法，是根据理财原则建立的。

第三，财务管理原则为解决新的问题提供指引。已经开发出来的、被广泛应用的程序和方法，只能解决常规问题，当问题不符合任何既定程序和方法时，财务管理原则为解决新问题提供预先的感性认识，指导人们寻找解决问题的方法。

第四，财务管理原则并非在任何情况下都绝对正确，这与应用环境有关。财务管理原则在一般情况下是正确的，而在特殊情况下不一定正确。

二、财务管理原则的种类

（一）有关竞争环境的原则

有关竞争环境的原则是对资本市场中人的行为规律的基本认识。

1. 自利行为原则

自利行为原则是指人们在进行决策时按照自己的财务利益行事，在其他条件相同的情况下人们会选择自身经济利益最大的行动。

自利行为原则的依据是理性经济人假设。该假设认为，人们对每一项交易都会衡量代价和利益，并且会选择对自己最有利的方案来行动。自利行为原则假设企业决策人对企业目标具有合理的认识程度，并且对如何达到目标具有合理的理解。在这种假设情况下，企业会采取对自己最有利的行动。商业交易的目的是获利，在从事商业交易时，人们总是为了自身的利益做出选择和决定，否则他们就不必从事商业交易。自利行为原则并不认为钱是任何人生活中最重要的东西，或者说钱可以代表一切，而是说在"其他条件都相同时"，所有财务交易参与者都会选择对自己经济利益最大的行动。

自利行为原则的一个重要应用是委托代理理论。根据该理论，应当把企业看成是各种自利的人的集合。如果企业只有业主一个人，他的行为将十分明确和统一。如果企业是一个大型公司，情况就变得非常复杂，因为这些利益相关者之间存在利益冲突。利益相关者包括普通股股东、优先股股东、债券持有者、银行、短期债权人、政府、社会公众、经理人员、员工、客户、供应商、社区等。这些人或集团，都是按自利行为原则行事的。企业与各种利益相关者之间的关系，大部分属于委托代理关系。

2. 双方交易原则

双方交易原则是指每一项交易都至少存在两方，在一方根据自己的经济利益做出决策时，另一方也会按照自己的经济利益采取行动，并且对方和你一样聪明、勤奋和富有创造力。因此，一方在做出决策时要正确预见对方的反应。

双方交易原则的建立依据是商业交易至少有两方，交易是"零和博弈"，以及各方都是自利的。每一项交易都有一个买方和一个卖方，这是不争的事实。无论买方市场还是卖方市场，在已经成为事实的交易中，买进的资产和卖出的资产总是一样多。例如，在证券市场上卖出一股，就一定有一股被买入。既然买入的总量与卖出的总量永远一样多，那么一个人的获利只能以一个人的付出为基础。一个高的价格使购买人受损而使卖方受益，一个低的价格使购买人受益而使卖方受损，一方得到的与另一方失去的一样多，从总体上看，双方收益之和等于零，故称为"零和博弈"。在"零和博弈"中，双方都按照自利行为原则行事，谁都想获利而不是吃亏。那么，为什么还会成交呢？这与现实中人们的信息不对称有关。买卖双方由于信息不对称，因而对金融证券产生不同的预期。不同的预期导致了证券的买卖，高估股票价值的人买进，低估股票价值的人卖出，直到市场价格达到他们一致的预期时交易停止。如果双方中有一方不认为对自己有利，就不会成交。因此，在决策时不仅要考虑自利行为原则，还要使对方有利，否则交易就无法实现。

3. 信号传递原则

信号传递原则是指行动可以传递信息，并且比企业的声明更有说服力。

信号传递原则是自利行为原则的延伸。由于人们或企业是遵循自利行为原则的，所以一项资产的买进能暗示该资产"物有所值"，买进的行为提供了有关决策者对未来的预期或计划的信息。例如，企业决定进入一个新领域，反映出管理者对自己企业的实力以及新领域的未来前景充满信心。

信号传递原则要求根据企业的行为判断它未来的收益状况。例如，一个经常用配股的办法找股东要钱的企业，很可能自身产生现金的能力较差；一个大量购买国库券的企业，很可能缺少净现值为正的投资机会；内部持股人出售股份，常常是企业盈利能力恶化的重要信号。

4. 引导原则

引导原则是指当所有办法都失败时，寻找一个可以信赖的榜样作为自己的引导。所谓当所有办法都失败，是指我们的理解力存在局限性，不知道如何做才对自己有利；或者寻找最准确答案的成本过高，以至于不值得把问题完全搞清楚。在这种情况下，不要继续坚持采用正式的决策分析程序，包括收集信息、建立备选方案、采用模型评价方案等，而是直接模仿成功榜样或者大多数人的做法。例如，你在一个自己从未到过的城市寻找就餐的饭馆，你不值得或者没时间调查每个饭馆的信息，而应当找一个顾客较多的饭馆去就餐，不要去顾客很少的地方，那里不是价格很贵就是服务很差。

引导原则是信号传递原则的一种运用。很多人去这家饭馆就餐，意味着很多人对它的评价不错。承认行动传递信号，就必然承认引导原则。

（二）有关创造价值的原则

有关创造价值的原则，是人们对于增加企业财富基本规律的认识。

1. 有价值的创意原则

有价值的创意原则是指创意能获得额外报酬。

竞争理论认为，企业的竞争优势主要来源于产品（或服务）差异化和成本领先两方面。产品差异化意味着其产品或服务在行业内独树一帜。任何独树一帜都来源于新的创意。创造和保持产品差异化的企业，如果其产品溢价超过了为产品的独特性而附加的成本，它就能获得高于平均水平的利润。正是许多新产品的发明，使得发明人和生产企业变得非常富有。

有价值的创意原则主要应用于直接投资项目。一个项目依靠什么取得正的净现值？它必须是有创意的投资项目。重复过去的投资项目或者别人的已有做法，最多只能取得平均报酬率，维持而不是增加股东财富。新的创意迟早要被别人效仿，失去原有的优势。因此，创新的优势都是暂时的。企业长期的竞争优势，只有通过一系列的短期优势才能维持。只有不断创新，才能维持产品的差异化，不断增加股东财富。该项原则还应用于经营和销售活动。例如，连锁经营方式的创意，使得麦当劳的投资人变得非常富有。

2. 比较优势原则

比较优势原则是指专长能够创造价值。

在市场上，大家都想赚钱，而你凭什么能赚到钱？你必须在某一方面比别人强，并依靠你的强项来赚钱。

比较优势原则的依据是分工理论。让每一个人做最适合他做的工作，让每一个企业生产最适合它生产的产品，社会的经济效率才会提高。

比较优势原则的一个应用是"人尽其才，物尽其用"。在有效的市场中，不必要求什么都能做得最好，但要知道谁能做得最好。对于某一件事情，如果有人比自己做得更好，就支付报酬让别人去做。同时，你去做比别人做得更好的事情，让别人给你支付报酬。如果每个人都去做能够做得最好的事情，每项工作就找到了最称职的人，就会产生经济效率。每个企业做自己能做得最好的事情，一个国家的效率就提高了。国际贸易的基础，就是每个国家生产它最能有效生产的产品和劳务，这样可以使每个国家都受益。

3. 期权原则

期权是指不附带义务的权利，它是有经济价值的。期权原则是指在估价时要考虑期权的价值。

期权概念最早产生于金融期权交易，它是指所有者（期权购买者）能够要求出票人（期权出售者）履行期权合同上载明的交易，而出票人不能要求所有者去做任何事情。在财务上，一个明确的期权合约经常是指按照预先约定的价格买卖一项资产的权利。

广义的期权不限于金融合约，任何不附带义务的权利都属于期权。许多资产都存在隐含的期权。例如，企业可以决定某个资产出售或者不出售，如果价格不令人满意就不出售，如果价格令人满意就出售，这种选择权是广泛存在的。一个投资项目，本来预期有正的净现值，因此被采纳并实施了，上马以后发现它并没有原来设想得那么好。此时，决策人不会让事情按原计划一直发展下去，而会让方案下马或者修改方案，使损失减少到最低。这种后续的选择是有价值的，它增加了项目的净现值，在评价项目时就应考虑后续选择权是否存在以及它的价值有多大。有时一项资产附带的期权比该资产本身更有价值。

4. 净增效益原则

净增效益原则是指财务决策建立在净增效益的基础上，一项决策的价值取决于它和替代方案相比所增加的净收益。

一项决策的优劣，是与其他可替代方案（包括维持现状而不采取行动）相比而言的。如果一个方案的净收益大于替代方案，我们就认为它是一个比替代方案更好的决策，其价值是增加的净收益。在财务决策中，净收益通常用现金流量计量，一个方案的净收益是指该方案现金流入减去现金流出的差额，即现金流量净额，一个方案的现金流入是指该方案引起的现金流入量的增加额；一个方案的现金流出是指该方案引起的现金流出量的增加额。方案引起的增加额，是指这些现金流量依存于特定方案，如果不采纳该方案就不会发生这些现金流入和流出。

净增效益原则的应用领域之一是差额分析法，也就是在分析投资方案时只分析它们有区别的部分，而省略其相同的部分。净增效益原则初看似乎很容易理解，但实际贯彻起来需要非常清醒的头脑，需要周密考察方案对企业现金流量总额的直接和间接影响。例如，新产品投产决策引起的现金流量，不仅包括新设备投资，还包括动用企业现有非货币资产对现金流量的影响；不仅包括固定资产投资，还包括需要追加的营运资本；不仅包括新产品的销售收入，还包括对现有产品销售的积极或消极影响；不仅包括产品直接引起的现金流入和流出，还包括对企业税务负担的影响等。

（三）有关财务交易的原则

有关财务交易的原则，是人们对于财务交易基本规律的认识。

1. 风险—报酬权衡原则

风险报酬权衡原则是指风险和报酬之间存在权衡关系，投资人必须对报酬和风险做出权衡，为追求较高报酬而承担较大风险，或者为减少风险而接受较低的报酬。所谓权衡关系，是指高收益的投资机会必然伴随着巨大风险，风险小的投资机会必然只有较低的收益。

在财务交易中，当其他一切条件相同时，人们倾向于高报酬和低风险。如果两个投资机会除了报酬不同以外，其他条件（包括风险）都相同，人们会选择报酬较高的投资机会，这是自利行为原则所决定的。如果两个投资机会除了风险不同以外，其他条件（包括报酬）都相同，人们会选择风险小的投资机会，这是风险反感原则所决定的。

2. 投资分散化原则

投资分散化原则是指不要把全部财富投资于一个项目，而要分散投资。

投资分散化原则具有普遍意义，不仅仅适用于证券投资，企业各项决策都应注意分散化原则。不应当把企业的全部投资集中于个别项目或个别产品；不应当把销售集中于少数客户；不应当使资源供应集中于个别供应商。重要的事情不要依赖一个人完成，重要的决策不要由一个人做出。凡是有风险的事项，都要贯彻分散化原则，以降低风险。

3. 资本市场有效原则

资本市场是证券买卖的市场。资本市场有效原则，是指在资本市场上频繁交易的金融资产市场价格反映了所有可获得的信息，而且面对新信息完全能够迅速做出调整。

资本市场有效原则要求理财时重视市场对企业的估价。资本市场是企业的一面镜子，又是企业行为的校正器。股价可以综合反映企业的业绩，弄虚作假、人为改变会计方法对于企业价值的提高毫无用处。一些企业把巨大的精力放在报告信息的操纵上，通过"创造性会计处理"来提高报告利润，企图给人制造幻觉，这在有效市场中是无济于事的。用资产置换、关联交易操纵利润，只能得逞于一时，最终会付出代价，甚至导致企业破产。当市场对企业的评价降低时，企业应分析自己的行为是否出了问题并设法改进，而不是挖空心思欺骗市场。妄图欺骗市场的人，最终会被市场所抛弃。

4. 货币时间价值原则

货币时间价值原则，是指在进行财务计量时要考虑货币时间价值因素。货币时间价值，是指货币在经过一定时间的投资和再投资后所增加的价值。

货币具有时间价值的依据是，货币投入市场后其数额会随着时间的延续而不断增加。这是一种普遍的客观经济现象。要想让投资人把钱拿出来，市场必须给他们一定的报酬。

货币时间价值原则的首要应用是现值概念。现在的1元货币比将来的1元货币经济价值大，不同时间的货币价值不能直接加减运算，需要进行折算。通常，要把不同时间的货币价值折算到"现在"时点，然后进行运算或比较。把不同时点的货币折算为"现在"时点的过程，称为折现，折现使用的百分率称为折现率，折现后的价值称为现值。财务估价中，广泛使用现值计量资产的价值。

第二章 财务管理信息化及应用分析

第一节 财务管理信息化基本概况

一、财务管理信息化的基本理论

（一）财务管理信息化的概念

现代信息技术的不断发展推动了不同行业、职业的信息化发展，财务管理信息化也是现代信息技术发展的成果。财务管理信息化不同于以往财务管理中的计算机应用，也不是简单地通过计算机进行财务管理的辅助决策，而是一套完整的财务管理信息化概念的运用以及应用架构建立的过程。

财务管理信息化是在企业管理环境及信息技术基础上，对企业业务流程和财务管理方式进行整合与改进，以形成科学、高效的信息化财务决策和控制过程，以实现企业价值最大化为最终目标。

（二）财务管理信息化的特点

相比于其他信息化过程，财务管理信息化具有以下三个特征：

1. 弹性边界

财务管理工作存在于企业经营管理活动的各个环节，财务决策和控制贯穿企业基本业务流程的始终，财务管理信息化也必然渗透于企业管理活动的各个环节中。财务管理信息化随着企业信息化的推进扩展到整个企业甚至产业链中，其边界将变得模糊化。特别是新兴信息技术逐步应用到财务管理信息化中，财务管理活动与企业其他管理活动逐渐融合，并且不断优化整合。

2. 自适应性

决策是财务管理的核心内容。财务决策环境不是一成不变的，而是充满未知和变化的，参与决策的各种信息和数据来源极其广泛，这也使得财务决策无法通过统一的流程与模式来实现。可以说，财务管理信息化的关键就在于是否能实现满足客户需求的财务决策。理想的财务管理信息化系统并不是一个僵化、简单的操作系统，而是一个能够提供决策和管理的信息化平台。要真正实现财务管理信息化，必须能够根据企业实际情况及管理水平，为用户构建一个实现系统自适应性的信息化平台。

3.决策与控制相集成

财务管理信息化是集信息处理与企业控制的过程，并不是传统的用于数据采集、加工、输出等开环控制过程的信息系统，这也是财务管理信息化与传统信息系统的本质区别之一。

财务管理信息化不同于其他信息系统，它是一个闭环的控制过程，并非单纯地提供参与决策的各种信息，而是将决策结果尽可能转化为控制过程，并确保控制的有效实施。

（三）财务管理信息化的作用

在符合企业整体战略的前提下，财务管理信息化能够提高企业财务决策水平，从而提高企业的抗风险能力。财务管理信息化能够扩大企业财务控制范围，减少控制层级，强化控制过程。财务管理信息化能够提高企业的应变能力，将企业的宏观战略具体化为管理策略并进行有效实施，提高财务管理的效率，进而提高企业风险控制能力和风险防范能力，实现企业价值的增长。

二、信息化对财务管理的影响

信息化背景下，财务管理的工作环境与职能的发挥均产生了巨大的变化。

如今，知识经济时代已经到来，企业财务管理模式、财务管理内容、财务管理范围以及财务管理方法都应做出相应调整。同时，现代信息技术丰富了财务管理的手段，为财务管理职能发挥提供了更好的平台和途径。

（一）信息技术对企业财务管理基础理论的影响

现代财务管理产生于20世纪50年代，涉及财务假设、财务目标、财务本质、财务对象、财务职能等理论，发展至天仍未形成一个稳定的、公认的理论框架体系，学术界对财务管理领域中的一些问题仍未达成统一认识。信息技术的不断发展，对财务管理基础理论也产生了一定的影响，但并没有在根本上动摇财务管理的理论基础，其主要表现在对财务管理的目标、对象以及职能的影响方面。

1.信息技术对财务管理目标的影响

利润最大化、每股盈余最大化、股东权益最大化以及企业价值最大化是财务管理的四个代表性目标。其中，企业价值最大化是财务管理工作必然要实现的目标。企业是各方利益相关者契约关系的总和，以生存、发展和盈利为目标。信息技术使各方的联系不断加强，特别是电子商务出现以后，企业实际上成为多条价值链上的节点。如果单纯追求利润最大化或股东权益最大化，并不能帮助企业提高整个价值链的价值，反而会对企业的长期发展造成影响。只有将企业价值最大化确定为财务管理的目标，才能实现企业相关利益者整体利益的提升。

2. 信息技术对财务管理对象的影响

资金及其流转是财务管理的对象。企业在资金流转过程中，都以现金作为流转的起点和终点，其他资产都是现金在流转过程中的转化形式，因此也可以说，现金及其流转是财务管理的对象。网上银行和数字货币的出现极大地丰富了现金的概念，而无形资产、虚拟资产的出现也丰富了现金的转化形式。同时，现代信息技术极大地加快了现金的流转速度，使企业面临的风险加剧。信息技术丰富了现金的概念和转化形式，加快了现金流转速度，但财务管理的对象并没有发生本质变化。

3. 信息技术对财务管理职能的影响

现代信息技术使财务管理的两个基本职能——财务决策职能和财务控制职能得到强化。财务决策是指通过科学的方法选择出能够实现财务目标的最优方案。财务决策分为筹资、投资、收益分配三个基本内容。信息化环境下，财务决策的环境将更为复杂多变，面临的风险也更大。企业各项决策，特别是战术、战略层面的决策活动都可以应用各种现代信息技术使感性化的决策转变为科学化的决策。财务控制是指通过比较、判断、分析等方式监督决策的执行，及时发现问题并做出调整的过程。财务控制职能通过信息技术也得到进一步加强，控制范围更广，控制手段更加灵活、方便、快捷，从以往的事后控制转变为现在的事前控制、事中控制。

随着信息技术的不断发展，财务管理衍生出更多的职能，如财务协调职能、财务沟通职能。在信息化环境下，过去单纯的财务决策和生产决策已经无法满足企业整体决策的需求，每一个决策都不是单个部门或单个领域的事情，而会涉及多个部门和领域。比如，生产计划的制订就不能只涉及生产有关部门，还会涉及企业的财务计划部门。换言之，企业各部门之间的横向联系会更加密切，企业需要采取必要手段以加强不同部门之间的协调与沟通，财务管理将来还会承担更多这样的职能。

（二）信息技术对企业财务管理方法学的影响

1. 偶然性决策向财务管理系统化的转变

系统论、控制论和信息论是 20 世纪 40 年代后出现的具有综合特性的理论。20 世纪 70 年代，系统论、系统工程思想和方法论等理论传入我国，耗散结构论、协同论以及突变论成为当时流行的"新三论"，它们也是系统论的深入发展。系统论以客观现实系统为本质特征，从整体上研究系统与系统、系统与组成部分、系统与环境之间的普遍联系。其中，系统是系统论中的基本概念。

财务管理也是一种系统，用于支持并辅助管理层的决策，财务管理方式则是指财务管理应用的手段、方式的总和。财务方法包含财务预测方法、财务决策方法、财务分析方法、财务控制方法等。财务管理的分析与设计在相当长一段时期都缺乏系统观点的指导，单纯地注重获取某项指标或独立决策模型的应用。在面对独立的财务管理过程时，传统的财务管理主要用于解决临时性、偶然性的决策问题，因而缺少系统性。而在信息化环境下，在面向独立的财务管理过程时，不应只考虑某项决策的最优方案，而应以系统观点看待财务决策和财务控制，考虑整个财务管理系统的最优方案。财务控制应以系统整体目标为出发点，按照系统控制的要求，自上而下、层层分解，考虑控制影响的深度和宽度。

2. 定性分析向定量分析和定性分析相结合转变

由于计算工具的落后以及缺乏数据库管理系统的支持，以往定量分析无法在财务管理过程中得到广泛应用。随着信息技术的发展，各种计算工具软件的开发与应用，数据库管理系统的逐渐普及，为财务管理定量分析提供了大量的计算支持与数据支持，促进了财务管理过程由定性分析向定量分析与定性分析相结合的转变。

3. 简单决策模型向复杂决策模型的转变

传统财务管理受计算工具的限制，财务预测、财务决策、财务控制与分析等都只能通过简单数学计算的方式完成。现代信息技术促进计算工具的发展，财务管理引入了更多先进的现代计算技术与工具，促进了财务管理决策模型复杂化的转变。

（三）信息技术对企业财务管理实务的影响

财务管理实务是指通过财务管理理论进行财务决策与财务控制的过程。信息技术对财务管理实务的影响主要体现在三个方面，即对传统财务管理内容、财务决策过程和财务控制手段的影响。

1. 对传统财务管理内容的影响

筹资活动、投资活动和收益活动是企业个体的三个主要理财活动，同时也是企业财务管理的主要内容。信息化环境下，企业财务管理的主要内容得到极大的扩展，财务管理范围扩大，涉及企业各个层面，企业决策也由单一项目决策最优向系统整体最优转变。

信息技术的发展使多个企业形成了一条共同价值链，企业决策成为价值链整体决策中的一个环节，决策将更多地向价值链整体最优倾斜。财务管理也产生了更多新内容，如价值链企业管理、资金集中管理、集团企业预算管理等，财务管理的内容得到进一步扩展。信息技术使企业与金融市场、利益相关者、税务部门之间的联系更加紧密，财务管理范围进一步扩大，覆盖了与企业相关的利益群体。银行结算、税收管理等也被纳入财务管理，并成为财务管理活动的重要环节之一。

2. 对财务决策过程的影响

情报活动、设计活动、决策活动以及审查活动是财务决策的四个基本阶段，随着信息技术的飞速发展，这四个基本阶段也产生了根本性的变化。传统财务决策的情报活动只是收集参与决策的各项数据，而信息化环境下的情报活动不再是单纯地收集数据，而是细化为风险评估、约束条件评估和数据获取三个阶段。风险评估即对决策目标及其实现的风险进行合理的评估；约束条件是指掌握决策的外部环境，明确决策目标实现过程中可以调动的资源数据是通过信息化平台获取、整理的，通过数据仓库技术进行数据处理直接获取支持决策的有价值数据。

信息化环境下财务决策的设计活动被简化，过去的设计活动是通过人工制定、分析最优方案，现在则通过工具软件或财务管理系统建立决策模型，制定最优策略。

决策活动是指最优方案的选择及实施过程。信息技术使财务决策的抉择活动得到最大程度的优化，借助工具软件强大的计算能力模拟出各种方案的执行情况，最终选出最优决策，极大地增加了财务决策的科学性。

审查活动是指监控决策的实施并及时进行修正。信息技术的发展与应用使审查活动被提前到决策执行的环节，在实施决策的过程中同时进行审查阶段的活动，跟踪、记录、反馈决策的执行情况。

3. 实时控制成为财务控制的主要手段

在传统财务管理过程中，财务控制从最初的记录到最后的修正需要一系列步骤，过程较长，使控制过程远在业务过程之后，不能完全发挥控制的全部作用。信息技术使财务控制过程向集成化转变，真正达到全面控制实施，充分发挥财务控制的真正作用。

（四）信息技术对企业财务管理工具的影响

信息技术使财务管理的手段更加快捷、丰富、准确，改变了传统手工处理财务管理工作的落后方式，促进了财务管理在企业的全面应用。

首先，计算机的普及以及信息技术水平的提高，极大地提高了财务管理的数据处理能力，简化了复杂、庞大的数据处理过程，使财务管理工作更加高效、准确。

其次，汇集当前与历史数据的多种数据集成数据库系统的使用，大大提高了财务决策的效率和准确度，从而改变了传统决策模式。

再次，网络技术的发展与应用扩展了财务管理的内容，实现了财务管理的集中控制与实时控制，并且提供了新的财务管理手段，分布式计算技术也为财务决策提供了新的解决方案。

（五）新兴技术对财务管理的影响

云计算、大数据、移动互联等极具代表性的新兴信息技术应用到财务管理中，促进了财务管理信息化的进程，并为财务管理提供了新的模式和方法。

1. 基于云计算的财务管理应用扩展

财务管理信息化过程具有较强的灵活性和个性化需求，云计算能够以较低的成本搭建财务信息化平台，通过 PaaS（平台服务）方式或 SaaS（软件服务）方式快捷、灵活地获取各种支持财务管理的资源，为财务管理信息化资源整合与集成化提供了更多的方式。

2. 基于大数据的财务管理应用扩展

大数据在财务管理工作中影响巨大。面向一定领域的大数据能够为该领域提供支持决策的海量数据，通过整理、清洗、挖掘等技术使支持决策的数据和信息更为全面和准确，提高了财务管理的决策能力和控制能力，并能增强财务管理的有效性。此外，基于云计算的大数据，财务管理信息化能够充分地利用云计算平台，实现资源的高度共享，使财务决策不再是独立的决策行为，而是通过开发平台获得科学的系统决策。随着大数据在财务管理的应用，企业决策过程由从前的管理层决策向企业内部与外部协同决策过渡。

3. 移动互联对财务管理应用的扩展

移动互联技术应用于财务管理，也给财务管理工作带来巨大变革。借助移动互联技术，能够实现决策与控制一体化的财务管理流程，还能实现过程控制的智能化。移动互联技术的应用能够促进企业组织的扁平化进程，改变财务管理的组织结构和流程，加强财务管理的控制幅度。财务管理的活动边界将会被进一步打破，财务决策将变得更加复杂，决策的时效性增强，实时控制将会变为现实。

三、财务管理信息化的未来发展情况

在机遇与风险并存的信息化时代，高效、科学的管理是每个企业的现实需求，财务管理信息化能够充分运用信息化技术，提高企业管理的效率和运作水平，因而是未来企业发展的重要趋势，是满足企业高效管理需求的重要措施。

近年来，现代信息技术飞速发展，并且已经深入人们生活的方方面面。在企业中，信息技术应用于企业财务管理的各环节中，企业对于实现财务管理信息化的需求也愈加迫切，市面上也推出了多款综合性财务办公软件。

首先，财务管理信息化是时代所趋、众望所归的，信息化技术将被运用于财务管理的各方面、各环节。通过信息技术，企业能够实现财务管理所有事项的综合化、一体化管理，从而达到优化财务管理流程、提高管理效率和增强管理功效的目标。

其次，信息技术加快了会计核算与财务管理结合的进程。信息技术使资金支付过程转变为会计审核工作，减少重复的工作流程，提高了工作效率。电子审批单据转化为财务核算软件的会计凭证已经切实可行，预算管理、制度管理、业绩考核评价等财务管理工作都会充分运用信息技术，提高企业的运营效率。

再次，信息技术实现了财务管理与业务管理的一体化，能够对业务、财务计划的实施进行实时反映，使财务信息更加透明化、共享化。财务管理信息的使用按不同级别、不同权限进行使用，进一步加强财务管理与业务管理，并在预算执行阶段就可完成预算偏差的校正，提高了企业管理制度的执行能力。共享财务信息可在一定程度上对管理层次进行压缩，减少管理链条，促使管理目标更加清晰。最后，预算管理与控制执行相结合是财务管理信息化的未来发展趋势。采用传统预算管理方式的企业，通常预算管理与资金支付管理相互独立，造成了预算执行财务数据反映与预算分析总结滞后，偏差无法及时纠正，预算执行效果不良。而通过现代信息技术的支持，尤其是随着财务共享中心的兴起，财务管理逐步应用统一的财务管理信息化系统，实现了预算管理与资金支付的一体化。

（一）财务共享中心对企业财务管理信息化的提升

随着市场经济的发展，财务管理对企业发展的重要性日益凸显，越来越多的企业更加重视企业财务管理水平的提高。复杂的财务管理工作需要财务人员具备较强的专业技能和信息化水平。为了有效强化财务管理水平，企业应当加强财务人员培训、完善财务管理系统、优化财务管理理念，最大程度发挥财务共享中心的优势，使企业财务管理信息化水平能够更好地适应社会经济发展的需要。

1. 依托财务共享中心实施企业财务管理化的优势

财务共享中心是随着现代信息技术飞速发展而逐渐兴起的，被广泛地应用于现代企业财务管理信息化工作中。财务共享中心的应用打破了传统财务管理多部门模式的限制，通过智能化信息技术整合财务部门，结合企业实际建立新型财务管理服务模式，将财务信息整合在一个部门中，进而优化财务管理部门智能水平，在一定程度上降低了企业经营成本，不仅使财务管理工作更加简单、快捷，而且实现了信息共享。同时，财务共享中心优化了企业财务管理的工作结构，提高了企业财务管理水平，使企业在日益激烈的市场竞争中具有更大优势。市场风险的加剧使企业财务工作的难度增加，财务共享中心模式的出现改善了传统财务管理工作职能单一的局面，在一定程度上为财务人员减轻了工作负担，从而提升了企业财务管理工作的效率。

财务共享中心的应用提高了企业财务管理工作的准确性，保障了财务信息的安全性，进一步规范了企业财务管理工作模式，对财务数据和信息进行有效整合与统一管理，提高了企业财务管理的效率。财务管理工作的准确性是保障企业良好运行的重要前提，财务共享中心优化了企业财务管理的内部结构，提高了财务信息的准确性，从而促进了企业的可持续发展。

财务共享中心确保了企业规模的有序扩张与标准化发展。健全完善的财务共享信息系统能够有效整合企业资源，合理优化人力资源配置，进一步优化财务管理工作流程，实现了财务管理工作的整体性，提高企业财务管理水平。财务共享中心加强了各部门间的沟通与信息交流，相应地，也对财务人员提出了更高要求，如除了具备较强的综合素质和专业技能外，还应充分了解企业财务管理的工作流程。此外，它还可以根据财务人员的专业技能给他们分配适合的岗位，进一步提高了财务管理信息化工作效率。

2. 依托财务共享中心提升企业财务管理化水平

（1）建立健全完善的财务管理系统

财务共享中心为企业财务工作带来了更多的便利，健全完善的财务管理系统能够进一步从整体上提高企业管理水平。企业在不断发展，规模也在不断扩大，财务部门的分工更加复杂，容易造成财务管理部门之间权责不明，降低了财务部门的监管力度。财务共享中心的应用完善了企业财务管理工作，优化了财务管理部门的内部结构，有效整合了财务信息，保障了财务信息的准确性和安全性，确保了财务管理系统的正常运行。财务部门应定期监测财务信息，做好财务分析工作，整合财务信息，对财务管理流程进行梳理，根据财务工作实际情况合理分配人力资源。同时，财务共享中心还应基于企业整体发展规划制定相应的财务管理运行机制，统一管理财务信息，将财务运行风险、融资风险等都纳入财务管理信息化系统中，强化预算管理工作，从整体上提高企业管理信息化水平。

（2）提升企业财务管理信息化水平

财务共享中心显著提高了企业财务管理信息化水平，企业财务管理工作效率得到进一步提升。随着现代信息技术的飞速发展，企业可以依托财务共享中心强化企业财务管理信息化建设，再造财务管理信息化工作模式和管理流程，结合企业自身实际情况优化财务管理系统，进一步促进企业财务管理系统的信息化；充分发挥财务共享中心的优势，加强财务数据的信息化处理流程，保障财务数据的准确性和安全性，规范财务管理工作标准。

（3）优化企业财务管理流程

财务管理流程混乱是我国部分企业存在的问题，而完善财务管理工作流程正是财务共享中心的一大优势。财务共享中心通过规定工作内容、强调工作方法以及利用智能化信息技术对财务管理工作过程进行实时监督等方式，确保财务人员处理财务管理业务流程的完整性与正确性。企业财务管理与财务共享中心的质量管理理念相结合，进一步规范企业财务管理模式，简化财务管理工作流程，在一定程度上降低了企业的经营成本。同时，企业结合市场变化对财务管理流程进行技术调整，利用财务共享中心优化企业内部资源与外部资源，使其能够更好地应对市场变化与时代发展。

在信息技术飞速发展的今天，企业需要充分利用现代信息技术，发挥财务共享中心的优势，健全完善企业财务管理系统和财务管理流程，从整体上提升企业财务管理水平；同时，还要加强财务人员的培训，强化专业技能，提升综合素质，提高财务管理工作水平和工作效率。

（二）大数据的发展推动财务管理智能化发展

资源管理逐渐成为企业管理的主要任务，会计工作职能也从单纯的账务管理向辅助决策、辅助分析、辅助管理的方向发展。同时，随着现代信息技术的普及，ERP（Enterprise Resource Planning，企业资源计划）系统及企业流程再造等系统在我国企业广泛应用，推动了财务工作由电算化向信息化发展，财务活动和业务活动实现了信息化处理，展现出高效、快速、易用的新特点。

近年来，随着移动互联、大数据、云计算、人工智能等技术的飞速发展，财务工作也发生了巨大变化。一方面，新型商业模式的产生对现有企业财务管理模式提出了新的要求；另一方面，智能化、自动化信息平台的出现，提升了管理会计应用的深度和广度，进而推动了企业财务模式从单纯核算向智能化方向发展。

1. 智能财务

以智能决策、智能行动、数据发现为核心的智能管理系统是智能财务的主要表现，能够辅助企业决策层进行智能判断。

智能化应用于财务工作中有得天独厚的条件，大数据本身就包含了财务数据，更容易应用于财务管理工作中。智能化更加适应基于多变量的可描述规则，这恰好也是企业会计准则的体现。财务工作中存在大量的重复性工作，这些都可以通过智能化工具轻松实现。

在智能财务阶段，信息收集、整理、加工、分析、展现等不仅是信息系统的一部分功能，更重要的是它们还可以通过信息系统来代替企业管理层制定决策。智能财务，根据企业需求收集相应数据并进行深度分析，就可以快速、准确地计算、模拟结果，并做出判断，给出决策结果。

一般来讲，完整的智能财务体系应具备三个层级和一个能够贯穿智能财务三个层级的智能财务平台。三个层级分别为基础层、核心层和深化层。基础层是基于流程自动化的财务机器人，核心层是业务财务深度一体化的职能财务共享平台，深化层是基于商业智能的职能管理会计平台，这三个层级都通过基于人工智能的智能财务平台进行整合。随着未来人工智能技术的不断发展，智能财务平台将会继续向三个层级渗透和深化。

2. 基于流程自动化的财务机器人

RPA（Robotic Process Automation），即机器人流程自动化，它不是物理形态的、有物理实体的机器人，而是一种软件技术，可以模拟人类的脑力劳动，自动化地完成规则导向的、结构化的、可重复的工作。财务工作存在大量标准化、重复化、技术含量较低的工作，通过 RPA 就可以代替人工高效、准确地完成这部分工作，如数据采集、数据审核、自动月结、自动银行对账等。

随着人工智能技术的不断发展，RPA 可以在很多财务领域中发挥作用，如按照一定规则执行重复性操作；应用于中央服务器的部署与管理，实现业务应用程序的交互；融合财务共享业务流程，提升财务工作效率，强化财务管理；与大数据、云计算等技术相结合，提高财务工作智能化。

3. 基于业财深度一体化的智能财务共享平台

RPA 代替人在传统财务业务规则下进行重复烦琐的工作，实现了自动化处理，而基于业财深度一体化的智能财务共享平台对传统财务流程实现了再造。

只有与业务实现真正的融合，才能使财务发挥出价值创造的效力，尽管人们已经意识到业财融合的重要性，但少有企业成功实现业财一体化。业财融合需要企业业务流程、会计核算流程和管理流程的融合，构建以业务驱动财务一体化信息处理流程，实现最大限度的数据共享，使得业务数据和财务数据融为一体，从而掌握企业经营的实时情况。但在传统企业管理体系中，业务流程、会计核算流程、管理流程都是相互独立的，缺乏使其有机融合的有效技术手段。

基于业财深度一体化的财务共享平台的应用，使企业传统财务流程得以重构，实现流程自动化、数据真实化、交易透明化，企业得以回归以交易管理为核心的运营本质。通过建立内外部融合的新型财务运营管理体制以及基于财务共享平台的线上商城，将大宗采购业务、公务用车、办公用品、差旅服务全部互联网化，实现了供应商与客户之间的直接交易，极大地简化了财务处理流程，无论是大宗采购还是企业日常消费，都可以在线上实现完成，并能实现自动对账报销，使企业的业务流、财务流、管理流实现有机融合。如果员工出差需要预订酒店，他只需要登录企业在线消费 App 即可自动连接相应电商平台，系统会根据一定规则进行比较和筛选并推荐预订通道，员工在线提交订单后，系统便可自动进行后续的预算校验与支付，并生成电子发票信息。员工出差过程中，其所有相关数据都会保存在系统中，月底通过一张发票即可完成结算，做到员工出差零垫付，实现了会计核算自动化。

4. 基于商业智能的智能管理会计平台

由财务核算向财务管理的转变已是大势所趋，换一个角度来看，以财务会计为主导的财务工作向以管理会计为主导的财务工作转型是必然的。管理会计实质上就是在收集、分析数据的基础上实现精细化管理与量化管理，收集、整理、加工、分析数据的能力也是管理会计能力的体现。

小数据、业务数据、社会大数据是企业经营过程中一般要面对的三类数据。很长一段时间以来，小数据和结构化数据是企业应用的主要数据，而这些仅仅是企业接触数据的一小部分，而那些内容更加丰富、蕴含大量潜在价值和规律的非结构化数据和半结构化数据往往很难被清洗、整理、加工出来，处于沉睡状态。这些数据包括各种格式的文本、图片、报表、办公文档、图像、音频和视频信息等，内容涉及客户特征、消费者购买习惯与购买偏好等相关联的有价值信息。实际上，人们已经意识到这些一直被忽略的非财务数据、非结构化数据、半结构化数据等才是企业决策者真正需要的数据信息，数字化对财务工作的重要影响就是对数据需求和数据应用的影响，依托智能技术可以在海量的数据中收集、整理那些非结构化数据、半结构化数据并加以利用。

商业智能（Business Intelligence，简称 BI），通过现代数据仓库技术、线上处理技术、数据挖掘技术、数据展现技术等整理、分析数据以实现其商业价值。基于商业智能的智能管理会计平台具有灵活性强、视角广的技术特点，能够充分发挥商业智能模型化的功能，帮助企业获取多维度、立体化信息数据，向企业管理层提供智能化、科学化信息支持。

5. 基于人工智能的智能财务平台

人工智能应用于财务领域，主要体现在感知层面应用、学习层面应用及自然语言处理层面应用三个层面。其中，感知层面的应用是指通过计算机"看""听""交流"等新型技术获取相应的信息。学习层面的应用是指通过机器学习解决多变量、多计算规则的模型，而且能够采集大量的预测参数并进行快速计算。

具体而言，上面所说的三个层面的人工智能技术可应用于财务领域的六个方向，它们分别是：财务预测，包括财务指标的预测、未来财经的洞察等；经营推演，包括最优资产架构的确定、产品投资推演等；风险量化，包括智能预警、量化经营风险等；价值优化，包括企业现金、成本等资产的优化与分析等；决策自动化，包括构建决策模型、决策判断等；信息推荐，包括决策参考、智能问答等。

随着现代科学技术的发展，人工智能技术在财务领域的应用将会更加深入和广泛。近年来，人工智能技术实现了对于企业主体的财务预测、经营推演和风险量化。相信在不远的未来，依托智能财务平台强大的学习能力、计算能力和反应能力，人工智能技术能够为企业提供更加精准、及时的信息服务，在某些方面甚至可以支持和替代企业管理层实现决策自动化。

第二节　财务管理信息化的应用分析

一、企业级财务管理信息化应用

企业级财务管理信息化应用是指在企业范围内构建财务管理信息化系统，决策信息面向企业管理层。根据财务管理信息化在企业应用阶段的不同，它还可划分为局部财务管理信息化应用与整体财务管理信息化应用两种。

（一）局部财务管理信息化应用的主要内容

企业在应用财务管理信息化初期，财务管理信息化活动只在财务部门内部，主要是通过计算机或搭建的网络平台完成财务分析、财务决策、财务预算等活动，为企业管理层提供相关的决策信息。

1. 财务分析

在局部财务管理信息化应用中，财务分析主要以财务报表及其他资料作为主要依据和分析起点，主要通过比较分析法或因素分析法，分析、评价企业过去及当下的经营成果和财务状况，以了解企业过去的经营状况和财务状况，对当前企业经营情况进行评价，以便对企业未来经营状况进行预测，帮助企业改善经营决策。

2. 投资决策

为使企业经济资源得到增值，企业会进行一系列的投资活动。根据投资形式的不同，投资可分为实物投资与金融投资两种。经济资源是企业的稀缺性资源，因此企业投资首先会考虑投资的有效性和投资效率。在财务管理信息化环境下，企业会利用计算机网络系统，采用更加先进的方法和手段分析投资项目的财务可行性，为企业投资决策提供科学、准确的信息支持。

3. 筹资决策

为了满足正常经营的资金需求，企业需要进行筹资活动、集中资金。在财务管理信息化环境下，筹资决策的核心内容是确定企业的资本结构，选择恰当的筹资方式，此外还负责明确企业资金需求量、长期负债比例规划等。

4. 股利分配

股利分配实质上是筹资活动的延伸。企业在获取利润后，会根据股利分配原则将一定股利发放给股东，其余利润会继续使用于企业投资活动中。

5. 经营决策

经营决策囊括了企业日常生产、经营活动中的各种决策。传统手工操作中，财务部门与其他部门之间的信息联系较少，缺乏有效沟通，财务部门也很少参与企业的生产、经营决策中。而在财务管理信息化环境下，企业财务部门能够与其他部门取得有效的信息交流，使财务决策与生产、经营决策实现有效协作，共同完成企业战略决策。例如，企业在制订采购计划时，会根据成本规划控制现金支出。

（二）局部财务管理信息化的实现策略

1. 通过工具软件构建财务管理模型

（1）数据获取

在这一模式下，由于缺乏覆盖企业范围的网络平台和数据仓库技术的支持，财务决策与控制所需的基础数据并没有独立存在，而需要依赖其他信息系统来提供。在局部财务管理信息化应用中，由于财务管理信息化仅局限于财务部门，没有构建覆盖整个企业范围的数据仓库和网络平台，因此财务决策与财务控制所需的各项基础数据都要从其他信息系统中获取。其获取方式主要有手工录入、查询导出、数据库导出和通过工具软件获取外部数据等四种方式。其中，手工录入、查询导出以及数据库导出都是一次性获取数据的方式，而通过工具软件获取外部数据的方式是一种动态获取数据的方式，但应用难度比较大，使用者需要熟练掌握 SOL 语句，并且能够识别会计信息系统的数据库结构。

（2）工具软件的选择

在局部财务管理信息化应用中，财务管理活动主要通过 Excel 等工具软件实现。这些工具软件能够提供大量的计算方法和分析方法，既能完成简单的计算工作，还能够完成数据统计、分析、预测等任务，同时具备线性规划、单变量求解、数据透视等功能。除了具备强大的数据处理功能外，这些工具软件还能为决策模型提供构建平台。在财务管理中，大多数决策模型都以图标的形式构建，因此，应用于局部财务管理信息化中的工具软件都具有强大的图形制作功能与制表功能，能够支持决策模型的构建。除了上述功能之外，一定的数据获取能力也是工具软件需要具备的，可以在一定程度上获取支持决策信息的基础数据。实际上，在财务管理信息化的初期阶段，获取有效的支持决策数据是影响决策效果的主要因素。尽管工具软件具备一定的数据获取能力，在一定程度上能够获取不同层面的相关数据，但软件本身的数据存储能力与数据管理能力较差。由于决策过程的特征，管理信息化系统比会计信息系统具有更加强大的交互能力，能够确定用户的决策需求，动态地获取支持决策的各项数据，最终生成科学的决策结果。因此，在局部财务管理信息化应用中，以 Excel 为代表的工具软件是实现简单财务决策和财务分析的良好工具。

（3）构建模型

步骤一，根据财务管理理论构建决策所需的数学模型。数学模型是构建财务决策模型的关键环节。

步骤二，确定数学模型的参数、参数的来源及获取参数的途径。通过 Excel 获取参数，途径有三种：手工录入、外部数据导入和外部数据。对于少量零散的数据可以直接通过手工录入的方式获取；批量数据可以通过财务软件将数据转化为中间数据状态，再通过 Excel 软件的"外部数据导入"功能将数据导入软件，或者通过 Excel 的"建立查询"功能，构造 SOL 语句直接获取外部数据。

步骤三，设计决策模型表格。在 Excel 中，决策过程与决策结果通常以表格的形式表现，设计的表格要能清晰、直观地反映数据计算的经过，既便于理解又能反复多次利用。常用的决策模型，通常会用两个或多个表格分开表达决策参数和决策结果，并且设置一定措施保护公式单元和计算结果单元，避免数学模型被破坏，同时设计良好的展示界面方便使用者更好地理解决策过程和决策结果。

步骤四，定义公式。Excel 具有强大的计算功能，提供了丰富的运算函数。在定义公式时可以充分、灵活地使用这些函数，使公式更加容易理解。

步骤五，计算并以直观的形式表达。利用 Excel 建立的决策模型通常以图表的形式分析数据、表达计算结果，因此使用图表（如直方图、饼图、折线图、散点图等）展示复杂决策模型的分析结果或计算结果是必需的环境。

（4）模型调用

执行制作好的模型并生成计算结果，或者为模型编制目录和调用界面，方便反复使用和执行。

2.通过二次开发技术实现部分财务管理功能

随着用户需求的多元化、复杂化发展，现有软件功能可能无法完全满足用户的需求，因此需要对原软件进行补充、开发、改进或取消某些功能，使其能够充分满足用户的需求，这个过程就是二次开发。合理利用企业已有的财务软件，通过二次开发可以增加满足企业需求的更多功能。

（1）二次开发的条件

进行二次开发，首先要考虑软件是否具备二次开发的条件及二次开发的技术可行性。一般来讲，对软件进行二次开发需要具备一定的开发条件或具备二次开发的技术可行性。通常情况下可以进行二次开发的软件需要具备以下五个条件：第一，拥有标准的数据接口，标准数据接口可以与其他系统连接共享各种数据；第二，具备能够提供中间层部件且较为先进的开发工具；第三，具有较强的可执行性，能够支持多种数据库，可以在多种操作环境下使用多种数据库的数据；第四，具有较强的灵活性，可以进行多种自定义操作；第五，具有开放的基本数据结构，用户可以从数据库中直接读取数据。

（2）二次开发的实现策略

①通过报表软件进行二次开发。通过财务软件提供的报表系统进行二次开发，是目前一种较为简单的二次开发手段。一款良好的报表软件既能提供强大的财务报表定义能力，也具备二次开发的数据接口，可以通过这个接口编辑简单的命令和程序代码。通过报表软件实现的二次开发，能够与会计信息系统实现更为良好的连接，能够直接获取所需的基础数据。但报表软件的二次开发能力有限，无法满足企业多样化的财务管理需求。

②通过工具软件实现二次开发。微软公司为其 Office 软件开发了一种编程工具VBA，在使用 Excel 处理比较复杂的财务管理工作中被广泛应用。

VBA 的软件风格和方法类似于 Visual Basic，是面向对象的编程技术，能够提供可视化编程环境，可以帮助用户实现简单的程序开发。

③通过会计信息系统提供的二次开发平台实现二次开发。随着科技的发展，会计软件的功能更加强大和完善，能够满足企业更多的个性化需求，越来越多的信息系统

提供了二次开发的平台，如金蝶 K/3BOS 商业操作系统。这款操作系统是金蝶 ERP 解决方案的技术基础，能够快速完成业务单据、报表、业务逻辑的制作，并能通过一系列的一体化设计满足企业多样化、个性化需求。

（3）二次开发的实现步骤

第一，了解企业在数据综合利用方面的各种需求，明确二次开发的功能。第二，对原软件进行技术分析，充分了解原软件的工作原理、数据结构、技术参数等。第三，结构设计，包括数据接口设计、功能设计、数据处理流程设计、数据存储设计、显示设计、输出设计等。第四，编制程序，满足企业的个性化需求。第五，系统测试，对开发程序的稳定性和正确性等进行验证，及时发现系统漏洞及与原软件的连接问题。第六，系统运行与日常维护，保障系统安全、稳定运行。

（三）局部财务管理信息化应用模式评价

在企业实现财务管理信息化的初级阶段，局部财务管理信息化的应用具有较高的推广价值和应用价值，具备应用灵活、易于移植的优势。

局部财务管理信息化应用可以通过工具软件或二次开发等途径实现，具有较强的灵活性，也符合财务管理、财务决策、财务分析等活动的特点，容易实现，涉及的技术也比较简单。尤其是在缺乏信息系统统一规划的环境下，它能够克服财务管理信息系统的功能缺陷，能够满足企业的个性化需求，具有较强的实用价值。在企业应用财务管理信息化的初级阶段，财务决策与财务分析几乎不需要投入，决策模型也较为容易移植。

综上，局部财务管理信息化应用适用于企业财务管理信息化的初级阶段，是面对临时性、偶然性情况时采取的财务决策，是在缺少完整财务管理信息系统时采取的权宜之计。

二、整体财务管理信息化应用

（一）整体财务管理信息化应用的主要内容

1. 财务分析与风险预警

在整体财务管理信息化阶段，财务分析由单纯的财务报表分析转化为综合财务信息、业务信息等多元化信息的综合性财务分析与评价。风险预警是信息化环境下财务管理的重要内容。根据企业生产、经营指标分析企业财务风险、经营风险、管理风险等，实现提前预警、有效规避。

2. 现金管理与控制

企业现金不仅包括现款，还包括银行存款、银行本票与汇票、电子货币等，是企业拥有的现款和流通票据的总和。现金流动性较强，可以立即实现购买、偿还债务等活动。同时，现金在企业资产中也是受益性最低的资产，存有过量现金会降低企业收益。因此，现金管理的核心内容就是使企业存有最佳现金量，在资产流动性与盈利中寻找最佳平衡点。

3. 预算控制及管理

预算不仅是企业决策的具体化，也是财务管理信息系统控制企业生产、经营活动的依据，是企业计划工作的成果。预算在财务管理活动中是联系财务决策与财务控制的桥梁。在传统财务管理中，预算常常仅被用于控制成本支出，而在财务管理信息化中，预算是调控企业资源，使其取得最佳生产效率和获利率的有效方法之一，预算管理也因此受到更多关注。

科学的预算是财务管理信息化的一项重要内容，科学合理的预算是决策结果的反映。决策要落实为高效执行过程，必须通过一定的计划落实，而计划则通过预算得以体现。而且，预算是财务控制的参照体系，预算能够及时纠正决策执行中产生的偏差，确保决策目标的准确实现。

4. 成本控制与管理

在现代企业管理中，成本控制是提升企业利润与竞争力的重要途径。成本控制是以成本为控制手段实现对企业生产、经营活动有效控制的过程。信息化环境为企业成本控制提供了更多的实现途径和新的内涵。企业与上下游企业之间通过信息网络能够及时地交换信息和数据，网上交易和网上结算极大地提高了物流效率和存货周转率，从而降低了企业的采购成本和存货水平。网上营销和线上客户管理等也大大地降低了销售支出，降低了销售成本。信息化环境使成本控制与管理不再局限于单一制造成本的管理和成本核算，而是形成了基于信息化平台的深入企业生产、经营活动的成本控制与管理。

5. 企业财务绩效评价

信息化环境下，企业绩效的合理评价如果仍依靠单纯的财务度量方式显然无法取得良好效果。现代企业财务绩效评价既包括员工、过程、供应商、技术、创新能力的评价，也包括企业未来价值的预测。财务管理信息系统，通过平衡记分卡等工具可将组织的目标、目标值、指标等与行动方案进行有机整合，确保企业战略的有效执行。

（二）整体财务管理信息化的运行框架

整体财务管理信息化应用阶段，为了能够更好地支持企业的综合性决策与控制，支持企业系统化，需要切实地实现财务管理信息化，建立完整的财务管理信息化系统。

1. 业务处理

采购—支付、生产—转换、销售—收款等是企业典型的业务过程。业务活动产生的基础数据会储存在业务处理系统的业务数据库中。在传统的业务处理系统中，业务处理仅包含业务数据的采集和记录两方面内容，更侧重于系统的时效性和可靠性。而在完整的财务管理信息化框架内，采用了更加智能化的设备，业务处理系统也增加了更多的业务控制功能，除了能采集和记录业务数据，还能及时矫正和控制业务信息以实现实时控制。

2. 存储数据和信息

数据仓库是一种用于决策管理的关系型数据库管理系统，以数据库和网络技术发展为基础设计而成的。数据仓库的存储量非常庞大，并具备自动更新、删除数据等功能，能够满足决策制定和事物处理系统的各项需求。数据仓库技术是财务管理信息化的技术基础，是财务管理信息系统不可缺少的重要部分。

在完整的财务管理信息系统中，数据是支持企业财务管理和决策制定的重要依据，它并不是像在局部财务管理信息化应用中的数据那样，以一种孤立的、原始数据的形态呈现，而是在经过高度抽象后转化为元数据，是企业管理层制定决策、实现财务管理的重要依据。数据的高度抽象是实现财务管理系统信息化的基础，这也是整体财务管理信息化应用与局部应用的最大区别，整体财务管理信息化应用必须建立支持财务管理决策的数据库管理系统。

3. 财务管理信息系统

在整体财务管理信息化应用中，财务管理信息系统应具备较强的数据获取能力、构建决策模型的能力、强大的会话能力、提供决策信息的能力以及控制能力。

企业各项财务决策都需要准确、科学的数据支持，而这些数据都需从海量的数据中挑选、整理、归纳、计算、处理，才能为决策提供可靠的数据支持。因此，强大的数据获取能力是这一阶段财务管理系统必须具备的能力之一。财务管理信息系统应当支持各种统计方法和调用方法，具备较强的决策模型构建能力，并允许用户自定义计算方法，使系统能够快速、及时生成用户所需数据。财务管理系统无法代替企业管理层制定决策，但通过财务管理信息系统强大的功能可以为企业管理层提供科学、可靠的决策依据，同时接受决策者的反馈信息。控制能力也是财务管理信息系统的主要能力，通过各种指标和预算实现业务处理过程的全程控制。此外，强大的会话能力及良好的用户界面也是财务管理信息系统必须具备的，以便用户能够方便快捷地操作系统，构建或调用决策模型。

（三）整体财务管理信息化的实现策略

1. 确定系统目标和系统规模

财务管理信息化的实现是一个复杂的过程，在构建财务管理系统前需要明确实施系统的目的，即通过系统想要解决的主要问题。系统规模需要根据企业的管理目标来确定，最后根据确定的系统规模估算管理目标的可行性、成本效益等。

2. 实施策略与方案的编制

实施方案的制定要基于确定的管理目标和系统规模，列出具体的规划、实施方案与步骤、实施进度、实施机构、阶段性任务、经费预算等。实施方案应充分与用户进行交流，了解用户需求，考虑企业的实际情况，以这些作为实施方案的编制基础。切忌盲目追求不切实际的目标，应以保障实时策略和方案的成功率为前提。

3. 调查与需求分析

系统的实施需要在充分了解用户业务流程与需求的基础上进行，因此调查用户业务流程，确定用户需求，掌握旧系统中存在的问题和不足也是系统实施的重要环节。用户调查可以采用实地考察、问卷调查、直接走访等方式。

4. 选择实现方案

对于用户而言，在财务管理整体化运行阶段，可供选择的实现方案主要有两种：开发和外购。自行开发或委托第三方开发，虽然能够满足企业的需求，但由于开发成本过高而很少采用。随着商品化软件向模块化、多样化发展，软件的灵活性得到进一步提高，一些软件已允许用户自定义流程、单据、信息处理模式等。因此，选择良好的商品化软件平台，并在此基础上进行改造，成为实现财务管理信息化的较好选择。

5. 业务流程的优化与重组

根据软件具备的功能和用户的需求优化、调整企业现有的业务流程，规划不同处理环节的功能、数据处理的权限及职责，并针对一些特殊的环节，可以根据用户的需求改造软件功能。

6. 不同层次的用户培训

培训是用户理念与计算机管理模型相融合的过程，可以在时间上贯穿实施的整个过程。这样的做法既可以降低培训的成本，提高系统实施的效率，同时也能促进用户的学习兴趣，激发用户的主动性。按照培训对象的不同，它可以分为初级培训、中层培训和高层培训三种类型。

初级培训主要针对软件操作人员，培训内容为软件操作和各项功能的实现，以及与软件相关的计算机常识、简单故障的处理等。

中层培训主要针对系统维护人员和各部门骨干，培训内容为软件的工作原理、结构以及系统的工作流程。中层培训倾向于系统维护、安全管理、数据库管理系统、规划控制等方面。

高层培训主要针对部门经理和管理层，培训内容为软件的功能及管理方案。高层培训是初级培训和中层培训的引申，侧重于软件管理思想的深入体会，使人工与计算机系统实现最优结合。

7. 初始数据的整理

初始数据的整理主要包括各项初始数据与初始参数的确定，如编码规则、参数设置、原始数据的来源、提供者及提供方式以及核算方法、数据处理过程、初始数据准确性与完整性的验证等。通过整理初始数据，可以在实施系统过程中避免数据错误或遗漏情况发生，控制系统实施的风险。

8. 系统试运行

系统试运行的主要目的是发现系统存在的问题和不足，并非正确性验证。试运行需要在模拟企业实际运行环境下进行，用户输入实际数据，考察系统处理流程，考察系统能否满足企业需求和系统处理业务的效率，及时对方案进行修改和验证。

9. 软件的安装、调试与初始化

该阶段的作业难度相对较低，但是工作量比较大，需要实施人员严格按照处理流程操作，避免产生意外，一旦发现系统存在任何隐患，应及时进行弥补和调整。

10. 系统运行与信息反馈

进行系统日常运行的管理和维护，在实际工作环境下验证系统性能，记录系统运行效果并及时反馈，制定系统改进方案。

（四）整体财务管理信息化应用模式评价

从系统实施的角度来看，在企业信息化初期，整体财务管理信息化应用是很难实现的，需要花费较高的成本并进行合理的规划。而从技术层面来看，财务管理信息化需要数据仓库的技术支持。但相对于局部财务管理信息化应用而言，整体的应用具有系统性支持企业决策的巨大优势，决策结果能够转化为可控的预算信息和指标，并能落实到实际的业务处理过程中，极大地提高了会计信息的相关性和可靠性。

三、集团企业财务管理信息化应用

（一）集团企业财务管理

集团企业财务活动主要有四个层次，分别是母公司层、子公司层、关联公司层和协作公司层。其中，母公司层和子公司层的财务活动是集团企业财务管理活动的主要内容。相比于独立企业，集团企业的财务管理内容更加复杂，难度更高。

1. 集团企业产权管理

（1）产权关系

集团企业财务管理的核心内容就是母子公司投资管理关系。从内部产权关系来看，母公司具有控制、监督子公司经营活动的权利，以此确保母公司投入资本的安全性，并能根据股东权益获取相应收益，保证子公司的经营目标与母公司总体战略目标的一致性。

（2）产权结构

产权结构是形成企业母子公司关系的纽带，在设置产权结构时要充分考虑母公司与子公司的关系。母公司以集团企业的战略目标与发展规划为出发点，将持有的有形资产、无形资产、债权资产等向子公司投资，形成产权关系，并依法对子公司的经营活动进行约束和控制，进行间接管理。子公司获得母公司投资资产的实际占有后，仍然独立经营，实现母公司的资产经营目标。在设置产权结构时，母公司应积极引导子公司寻求多元化的投资，形成多元化的产权结构。

2. 集团企业融资管理

资本融通和资本管理是集团企业融资管理的主要内容。其中，资本融通是十分必要的，能够实现资本的互助互济和互惠互利。资本融通包括三种基本方式：外部资本融通、内部资本融通和产融结合化。选择恰当的资本融通方式，做好集团企业资金的全过程管理、统一管理和重点管理。

3. 集团企业投资管理

母公司将有形资产、无形资产、债权资产等投入子公司，成为子公司的股东，并根据股权大小行使所有权职能。子公司是这些投入资产的实际占有者，享有资产占有权和使用权，并对本公司债务承担有限责任。从资产管理关系来看，母公司对资产具有约束力，可以实施间接管理。子公司尽管是资产的实际占有者，但不能脱离母公司的产权约束，实现绝对的独立经营。母公司与子公司之间资产关系的协调是实现母子公司双方利益的重要前提。

4. 集团企业内部转移价格管理

成员企业在集团企业内部转让中间产品的价格就是内部转移价格。制定转移价格是内部转移价格管理的关键。在制定转移价格时，要在确保集团企业利益的前提下做到公平、公正、合理。

5. 集团企业收益分配管理

集团企业收益分配要注意两个主要方面：一是集团企业与国家利益间的利益分配；二是集团企业核心层与紧密层的利益分配。集团企业与国家利益间的分配体现了国家与集团企业的财政分配关系，集团企业核心层与紧密层的利益分配才是集团企业利益分配的核心内容。

6. 集团企业财务监控

（1）人员监控

集团企业可以通过对子公司财务人员的管理实现对子公司财务活动的监控，通过集中管理或双重管理制度实现集团企业内部财务人员的垂直管理。

（2）制度监控

根据集团企业的经营管理需求和自主理财的需要，可以补充制定内部财务管理制度和会计管理制度，进一步规范集团企业内部不同层次企业的财务管理工作。

（3）审计监控

通过内部审计的方式可以增强集团企业内部财务监督的力度。审计监督工作要有完整健全的审计机构，明确审计监督的重点和要点。

（二）集团企业财务管理信息化

1.集团企业财务管理信息化的概念

集团企业财务管理信息化即为现代信息技术在集团企业财务管理中的应用。在集团企业中，财务管理部门运用现代信息技术将集团企业的各项管理流程进行整合，并快速、准确地将充分的信息提供给集团企业的各层管理者；同时，还能通过财务管理信息的分析与加工对集团企业财务活动进行有效的控制、分析和评价，从整体上提高集团企业的财务管理水平。

2.集团企业财务管理信息化的作用

集团企业实行财务管理信息化的作用，主要体现在以下四个方面：

首先，财务管理信息化能够极大地提高集团企业管理数据处理的速度和效率，有效提高管理数据的准确性。

其次，财务管理信息化能够提高集团企业财务管理的质量和水平，现代信息技术的应用使繁杂的财务管理工作更加简化、便捷，减轻了财务管理工作人员的工作负担和劳动强度。

再次，财务与管理信息化能够增强集团企业管理能力、控制能力及应对风险的能力。财务管理信息化能够转变传统财务管理事后分析、事后管理的情况，做到实时监控，提高了集团企业的决策水平。

最后，与时俱进的财务管理理念能够促进集团企业管理层理念和观念的更新，推动集团企业在财务管理方式、财务管理理论上的创新和发展，从而推动集团企业财务管理水平的不断提高。

3.集团企业财务管理信息化的内容

集团企业财务管理信息化涉及范围广，工作内容多。集团企业财务管理信息化的内容可以归纳为四个主要方面：第一，利用现代信息技术，建立、健全、管理和维护集团企业财务管理信息系统；第二，加强集团企业财务管理信息资源的综合开发，优化资源配置与利用；第三，转换集团企业财务管理模式和业务流程，对集团企业财务管理工作的各流程进行整合与集成；第四，加强财务管理信息化人才的培养。

4.集团企业财务管理信息化的方法

（1）树立集团企业绩效管理的核心思想

集团企业财务管理信息化可以建立以企业绩效为核心的财务管理体系，并提供一套切实可行的衡量企业绩效的方法和工具,建立一个快速的、可持续的、健康成长的集团企业财务管理体系。

（2）建立符合集团企业财务管理信息化的应用架构

良好的集团企业财务管理信息化应用架构,要面向集团企业所有财务管理人员,并对集团企业的财务进行全面管理。通过该应用架构实现集团企业由会计核算型财务管理转变为经营决策型财务管理,实现集团层面账务管理、预算管理、资金管理的统一。

（3）建立统一、规范的财务核算体系

统一、规范、严格的财务核算体系是集团企业财务管理的基础。集团企业的成员企业有跨地区或跨国经营,统一的财务核算体系能够在业务处理现场及时地提供系统响应,同时集团内部也可以获取业务处理现场的实时信息。

（4）建立账务集中管理平台

建立财务集中管理平台是集团企业财务管理信息化的必然要求。账务集中管理平台的建立应充分考虑集团企业管理的复杂程度,能够较好地把握财务管理的集权与分权的"度",对子公司企业的账务制度进行统一管理,并实现集团企业账务数据的合并。

（5）实施全面预算管理

实施全面预算管理是实现集团企业内部资源优化配置、优化财务管理工作流程的重要手段。建立一套标准的全面预算指标体系和控制体系,通过实施新会计准则完善集团企业的内部控制和业务流程,实现集团企业内部资源的优化配置,从而达到全面提升集团企业管理绩效的目的。

（6）建立资金管理解决方案,支持多种资金管理模式

建立集团企业资金集中管理平台和资金管理方案,支持资金管理账户分散、收支两条线、账户集中等多种资金管理模式,对集团企业资金进行统筹调控,提高资金利用效益,从而达到提高集团企业总体效益的目标。

（7）建立集中报表平台

在集团企业中,不同层级对于信息数据的需求也各不相同。及时、准确地为不同层级提供相应的信息数据是集团企业财务管理的基本要求。其中,集团总部需要总揽全局,对集团企业经营管理进行实时监控,这就需要一个能够获取各部门数据的集中报表平台,并能根据各部门提供的数据编制符合会计准则的报告,以供集团企业总部决策使用。

（8）制定、实施决策支持方案

随着集团企业的壮大以及业务的发展,集团企业的财务业务数据将呈现几何级增长。如何充分利用现有数据发挥集团企业的竞争力,制定科学的决策,则是当前大多数集团企业面临的问题。这就需要集团企业制定能够充分挖掘和利用财务、供应链等系统数据的决策支持方案,帮助管理层从海量的数据中提取有价值的数据信息。

四、价值链财务管理信息化应用

（一）价值链财务管理信息化的主要内容

随着产业分工的不断细化，企业内部不同类型的价值创造活动逐渐发展为构成上下游关系的多个企业活动，大家共同创造价值。生产特定产品或围绕某种特点产品需求所形成的互为基础和依赖的链条关系就构成了产业链。

1. 价值链成本控制

上下游企业之间通过协同活动控制成本，从而提高价值链的竞争优势，获取超额利润，这是价值链的核心所在。所以，成本控制是价值链上各企业关注的重点。不同于单体企业的成本控制，价值链成本控制是通过供应链的合理控制与规划实现的，以此降低价值链上企业的采购成本，进而降低价值链的成本。

2. 价值链财务协同

价值链财务协同是指价值链上各企业间相互交换财务信息并通过网络财务平台实现线上支付。

3. 价值链财务决策

价值链财务决策的主体和决策目标与单体企业和集团企业不同，价值链上的企业仍然可以按照个体价值最大化原则制定决策，但在执行决策时需要考虑其他企业的反应，所以价值链财务决策属于博弈性决策。

（二）价值链财务管理信息化的实现策略

根据价值链的特点，价值链财务管理信息化的实现策略呈现为由核心企业主导和无核心企业主导两种形式。

1. 由核心企业主导的价值链财务管理

当价值链上的某个企业处于支配地位时，就确定了该企业在价值链财务管理中占据主导地位。通常会由核心企业确定价值链财务管理模型并构建财务管理平台，加入价值链的其他企业也必须接受核心企业制定的财务管理标准并进行交易活动。比如，某产品的销售代理企业，可以登录该产品生产企业的财务信息化平台进行产品的订购、结算和销售。

2. 无核心企业主导的价值链财务管理

当价值链上没有企业处于支配地位时，会实行无核心企业主导的价值链财务管理模式。这种模式的实现需要较高的信息化程度和良好的信息化运行环境，如推行数据与信息的交换标准、接口标准等。价值链上的企业都按照制定的标准处理、交换信息和数据，或者通过第三方提供的财务管理平台进行财务管理活动。

第三章　信息化背景下企业筹资管理

第一节　筹资概述

筹资是企业根据生产经营、对外投资和调整资本结构等活动产生的资金需求，通过一定的渠道，采用适当的方式获取资金的一种行为。筹资是企业一项基本的财务活动，是企业资金运动的起点，是企业开展生产经营活动的首要环节，是决定企业资金运动规模和生产经营发展程度的重要条件。筹资管理的目的是满足企业生产经营和投资活动的需要，对资金筹集进行科学的预测、决策、计划、控制和分析，合理地安排筹资结构，降低筹资成本，规避财务风险，提高企业价值。筹资管理是企业财务管理的一项基本内容，加强筹资管理，对于规范金融市场，维护投资、筹资各方的合法权益，实现企业财务目标具有重要意义。

一、筹资要求

企业筹集资金总的要求是分析、评价影响筹资的各种因素，讲求筹资的综合效果，具体要求主要有以下几点：

（一）认真选择投资项目

为提高筹资效果，企业需认真研究投资项目技术的先进性和适用性，经济的效益性和合理性，建设条件的可靠性和可行性，进行反复调查、研究和论证，在此基础上确定最佳投资方案。

（二）合理确定筹资额度

企业展开筹资活动之前，应合理确定资金的需要量，并使筹资数量与需要量达到平衡，防止筹资不足影响生产经营或筹资过剩降低筹资效果。关于资金的投放，应结合实际情况，科学合理地安排资金的投放时间，提高资金利用效率。

（三）依法足额募集资本

为了保证生产经营持续进行且有利于自负盈亏，企业必须拥有一定数额供其长期占用并自主支配的资金，为此，企业应按规定及时、足额筹集资本金。企业筹集的资本金是企业法定的自有资金，依法享有经营权，在经营期间内不得以任何方式抽走。

（四）正确运用负债经营

在市场经济条件下，企业发展不可能完全由自有资金满足，而保持一定的负债可以使企业迅速扩大规模和提高市场占有率，因此负债经营已成为当今世界重要的经营形式。但负债经营是把双刃剑，若把握不好，不仅不能发挥其财务杠杆的作用，而且会导致债务风险，引发企业危机。因此，在遵守国家政策和法律以及平等互利的原则下，要正确运用负债经营。企业要把握借债时机、借债数量，控制债务结构，正确选择有利的筹资方案。

（五）科学掌握投资方向

筹资的目的是投资，没有筹资也就不能投资；筹资是投资的前提，投资是筹资的目的。企业必须将筹资与投资结合起来考虑，如果资金投放方向错误，投放时间不当，尽管取得低成本的资金，也难以取得好的筹资效果。所以，企业筹资应综合研究资金投向、数量、时间，以确定总的筹资决策与筹资计划。

二、企业筹资的动机

企业的筹资活动都是在一定动机的支配下完成的，尽管企业筹资的动机多种多样，但基本上可以概括为新建性筹资动机、扩张性筹资动机、偿债性筹资动机和混合性筹资动机。

（一）新建性筹资动机

新建性筹资动机是指企业在新建时为满足正常生产经营活动所需的铺底资金而产生的筹资动机。企业新建时，要按照经营方针所确定的生产经营规模核定长期资金需要量和流动资金需要量，同时筹措相应数额的资金，资金不足部分即可以通过筹集短期或长期的负债资金来解决。

（二）扩张性筹资动机

扩张性筹资动机是指为了满足企业扩大生产经营规模或追加对外投资而产生的筹资动机。企业规模的扩大有两种形式：一种是新建厂房、增加设备、引进人才，这是外延的扩大再生产；另一种是引进技术、改进设备、提高固定资产的生产能力、培训工人、提高劳动生产率等，这是内涵的扩大再生产。不管外延的扩大再生产，还是内涵的扩大再生产，都会发生扩张性筹资动机。

（三）偿债性筹资动机

偿债性筹资动机是指企业为了偿还某种债务而形成的筹资动机，即所谓的借新债还旧债。这种筹资的结果不是扩大企业资金规模，而是调整企业的资本结构，企业资金总量不受筹资行为的影响。一般情况下，偿债性筹资是因为企业货币资金不足而引起的，而扩张性筹资是因为企业资金不足引起的。偿债性筹资有两种情况：一种是调整性偿债筹资；另一种是恶化性偿债筹资。所谓调整性偿债动机，是指企业虽有足够的资金实力偿还到期债务，但为了调整原有资本结构，仍然举借新债，目的是使其资本结构更趋合理，这是主动的筹资策略。所谓恶化性偿债筹资，是指企业现有的支付能力已不能偿还到期旧债，被迫借新债还旧债，这是被动的筹资策略，说明企业财务状况已经恶化。

（四）混合性筹资动机

混合性筹资动机是指企业为了满足扩大生产经营规模和调整资本结构两个目的而产生的筹资动机。混合性筹资动机兼容了扩张性筹资动机和调整性筹资动机的特性，不仅会增加资产总额，同时也会改变资本结构。

三、企业筹资的分类

企业筹资可以从不同角度进行分类，主要有以下几种：

（一）按所筹资金使用期限的长短分类

按所筹资金使用期限的长短，可以把企业筹集的资金分为短期资金和长期资金两种。

1. 短期资金

短期资金是指使用期限在一年以内或一个营业周期以内的资金。它是因企业在生产经营过程中短期性的资金周转需要而引起的。短期资金主要用于生产经营过程中的资金周转，如现金、应收账款、存货等，一般在短期内可收回。短期资金主要通过短期借款、商业信用等方式来筹集。由于企业使用短期资金的时间较短，短期资金还本付息压力大，但资金成本相对较低。

2. 长期资金

长期资金是指占用期限在一年或一个营业周期以上的资金。它是企业长期、持续、稳定地进行生产经营的前提和保证。长期资金主要用于新产品的开发和推广、生产规模的扩大、厂房和设备的更新，一般需几年甚至几十年才能收回。长期资金主要通过吸收直接投资、发行股票、发行长期债券、长期银行借款、融资租赁等形式来筹集。长期资金能够被企业长期而稳定地占用，资金使用风险较低，但成本相对较高。

（二）按所筹资金体现的属性分类

按所筹资金体现的属性，可以把企业筹集的资金分为股权资本和债权资本。

1. 股权资本

股权资本，亦称主权资本、自有资金或权益资本，是企业依法取得并长期拥有、自主调配运用的资本。根据我国有关法律法规，企业股权资本由实收资本（或股本）、资本公积、盈余公积和未分配利润组成。按照国际惯例，股权资本通常包括实收资本（或股本）和留存收益两部分。股权资本具有下列属性：第一，股权资本的所有权归属于企业所有者。企业所有者依法凭其所有权参与企业的经营管理和利润分配，并对企业的债务承担有限或无限责任。第二，企业对股权资本依法享有经营权。在企业存续期间，企业有权调配使用股权资本，企业所有者除了依法转让其所有权外，不得以任何方式抽回其投入的资本，因而股权资本被视为企业的"永久性资本"。企业股权资本一般是通过政府财政资本、其他法人资本、民间资本、企业内部资本等筹资渠道，采用吸收投资、发行股票等筹资方式取得的。

2. 债权资本

债权资本，也称债务资本、借入资金，是企业依法取得并依约运用、按期偿还的资本。债权资本具有下列属性：第一，债权资本体现企业与债权人的债务与债权关系，它是企业的债务，是债权人的债权。第二，企业的债权人有权按期索取债权本息，但无权参与企业的经营管理和利润分配，对企业的其他债务不承担责任。第三，企业对持有的债务资本在约定期限内享有经营权，并承担按期还本付息的义务。企业债权资本一般是通过银行信贷资本、非银行金融机构资本、其他法人资本、民间资本等筹资渠道，采用银行借款、发行债券、商业信用、租赁等筹资方式取得的。

（三）按所筹资金的来源分类

按所筹资金的来源，可以把企业筹集的资金分为内部筹资和外部筹资。

1. 内部筹资

内部筹资来源于企业内部，以积累的留存收益为主。内部筹资是在企业内部"自然地"形成的，因此被称为自动化的资本来源或内源性筹资，一般无须花费筹资费用，其数量通常由企业可分配利润的规模和利润分配政策（或股利政策）所决定的。

2. 外部筹资

外部筹资是指企业在内部筹资不能满足需要时，向企业外部筹资而形成的资本来源。处于初创期的企业，内部筹资的可能性是有限的，处于成长期的企业，内部筹资也往往难以满足需要，于是，企业就要广泛开展外部筹资。企业外部筹资大多需要花费筹资费用，如发行股票、债券需支付发行成本，获得借款时需支付一定的手续费。

（四）按筹资是否通过金融机构分类

按筹资是否通过金融机构，可以把企业筹集的资金分为直接筹资和间接筹资。

1. 直接筹资

直接筹资是指企业不借助银行、证券公司、保险公司等金融机构，直接与资本所有者协商融通资本的一种筹资活动。在直接筹资活动过程中，筹资企业无须借助银行、证券公司、保险公司等金融机构，而是直接与资本所有者协商，采用一定的筹资方式获取资本。在我国，随着宏观金融体制改革的深入，直接筹资得到不断发展。具体而言，直接筹资主要有投入资本、发行股票、发行债券、商业信用等筹资方式。

2. 间接筹资

间接筹资是指企业借助银行、证券公司、保险公司等金融机构而融通资本的一种筹资活动。这是一种传统的筹资类型。在间接筹资活动过程中，银行、证券公司、保险公司等金融机构发挥着中介作用，它们先集聚资本，然后提供给筹资企业。间接筹资的基本方式是银行借款，此外还有租赁。

四、企业筹资的渠道及方式

（一）企业筹资渠道

筹资渠道是指筹集资金的方向与通道，体现资金来源与供应量。目前，我国企业筹资渠道主要有以下几种：

第一，国家财政资金。国家财政资金是指企业按照其隶属关系报批的基本建设可取得的财政拨款。国家对企业的直接投资是国有企业最主要的资金来源渠道，现有的国有企业资金来源中，其资本部分大多是由国家财政直接拨款的方式形成的，还有些是国家对企业"税前还贷"或减免各种税款形成的。特别是国有独资企业，其资本全部由国家投资形成，从产权关系来看，产权归国家所有。

第二，银行信贷资金。银行信贷资金是指企业通过向专业银行报批立项的基本建设投资贷款、流动资金贷款以及其他形式贷款取得的资金。在间接融资中，银行信贷资金是最重要的方式，因此，银行对企业的各种贷款是我国各类企业最为主要的资金来源。我国提供贷款的银行主要有两种：商业银行和政策性银行。商业银行以营利为目的，为企业提供各种商业贷款。政策性银行为特定企业提供政策性贷款。

第三，非银行金融机构资金。非银行金融机构资金是指通过向各种非银行金融机构取得的短期贷款或借款。非银行金融机构主要指信托投资公司、保险公司、租赁公司、证券公司以及企业集团所属的财务公司、典当行等。它们所提供的金融服务，既包括信贷资金的投放，也包括物资的融通，还包括为企业承销证券。

第四，其他企业资金。其他企业资金是指与其他企业联合经营、联合投资获得的资金。企业生产经营过程中产生的部分闲置资金，可以互相投资，也可以通过购销业务建立信用关系形成其他企业资金，这也是企业资金的重要来源。企业间的相互投资和商业信用的存在，使其他企业资金也成为企业资金的重要来源。

第五，企业自留资金。企业自留资金是指企业通过计提折旧、提取公积金、未分配利润等形式形成的资金，如留存收益建立的生产发展资金、新产品试制基金和设备基金。这些资金的重要特征之一是，企业无须通过一定的方式去筹集，它们是企业内部自动生成或转移的资金。

第六，职工和民间资金。职工和民间资金是指企业向内部职工或向社会投资者直接集资所形成的资金。作为"游离"于银行及非银行金融机构之外的居民个人资金，可投资企业，形成民间资金来源。

（二）企业筹资方式

筹资方式是指取得资金的具体方法和形式，它体现着企业拟筹资本的性质。对于各种渠道的资金，企业可以采取不同的方式予以筹集。正确认识筹资方式的种类以及每种筹资方式的资本属性，有利于企业财务人员选择合适的筹资方式，实现最佳的筹资组合。企业筹资方式主要有以下几种：

1. 吸收直接投资

吸收直接投资是企业以协议的形式吸收国家、其他法人单位、个人、外商等直接投入资金，形成企业资本金的一种筹资方式。吸收直接投资不以股票为媒介，是非股份制企业筹集自有资本的基本方式。

2. 发行股票

股票是股份制公司为筹集自有资本而发行的有价证券，是持股人拥有公司股份的入股凭证，它代表持股人在公司中拥有的所有权。通过发行股票建立股份公司，是西方企业的典型形态。1980 年，我国开始在部分企业试行，主要在职工中发行股票，继而向城乡居民和厂矿企业甚至海外投资者发行股票。发行股票是企业筹措自有资本的基本方式。

3. 银行借款

银行借款是指企业根据借款合同向国内外银行及非银行金融机构借入的、按规定定期还本付息的款项，是企业筹集长、短期负债资本的主要方式。

4. 发行债券

债券是债务人为筹措长、短期借入资金而发行的，约定在一定期限内向债权人还本付息的有价证券。企业发行的债券总称为公司债券，是企业为取得负债资本而发行的有价证券，是持券人拥有企业债权的债权证书，它代表持券人同企业之间的债权债务关系。发行企业债券是企业筹集资金的又一重要方式。

5. 租赁

租赁是出租人以收取租金为条件，在契约或合同规定的期限内，将资产租借给承租人使用的一种信用业务。企业资产租赁，按性质分为经营性租赁和融资性租赁两种。现代租赁已成为解决企业资金来源问题的一种主要筹资方式。

（三）筹资渠道与筹资方式的关系

筹资渠道和筹资方式之间有着密切的联系。不同的筹资渠道，除各种债务以外，都体现着一定的所有制成分，而不同的筹资方式则体现着不同的经济关系。筹资渠道是了解哪里有资金，说明取得资金的客观可能性，而筹资方式是决定采用什么方式取得资金，即将可能性转化为现实性。一定的筹资方式可能只适用于某一特定的筹资渠道，但同一渠道的资金通常可以采用不同的方式取得，而同一筹资方式又往往适用于不同的筹资渠道。因此，筹资时，应认真考虑这些筹资方式的经济性质及相应的经济利益问题，从而合理地选择使用。

第二节　企业筹资管理内容

一、企业资金需要量预测

企业在筹资前，需要采用一定的方法预测资金需要量，确定合理的筹资规模，使筹集的资金既能满足生产经营需要，又不会有太多的闲置。

（一）定性预测法

定性预测法是指利用直观的资料，依靠个人的经验和主观分析、判断能力，对未来资金需要量做出预测的方法。其预测过程如下：首先，由熟悉财务情况和生产经营情况的专家，根据过去所积累的经验进行分析判断，提出预测的初步意见。然后，通过召开座谈会、发放各种表格等形式，对上述预测的初步意见进行修正补充。这样经过一次或几次以后，得出预测的最终结果。

定性预测法虽然实用，但它不能揭示资金需要量与有关因素之间的数量关系。例如，预测资金需要量应和企业生产经营规模相联系。生产规模扩大，销售数量增加，会引起资金需要量的增加；反之，则会使资金需要量减少。

（二）比率预测法

比率预测法是指依据财务比率与资金需要量之间的关系，预测未来资金需要量的方法。能用于资金预测的比率预测法有很多，但常用的是因素分析法和销售百分比法。

1. 因素分析法

因素分析法，又称分析调整法，是以有关项目基期年度的平均资金需要量为基础，根据预测年度的生产经营任务和资金周转速度的要求，进行分析调整，来预测资金需要量的一种方法。

资金需要量 =（基期资金平均占用额 – 不合理资金占用额）×（1 ± 预测期销售增减率）×（1 ± 预测期资金周转速度变动率）

其中，预测期资金周转速度变动率，加速为"–"，减速为"+"。

2. 销售百分比法

销售百分比法是根据销售增长与资产增长之间的关系，预测未来资金需要量的方法，即将反映生产经营规模的销售因素与反映资金占用的资产因素连接起来，根据销售与资产之间的数量比例关系，预计企业外部筹资需要量。

销售百分比法有两个基本假设：第一，假定资产负债表的某些项目与销售额的变动比率已知，并固定不变；第二，假定未来销售额的预测已经完成。

销售百分比法一般有两种计算方法：第一，根据预计销售总额确定预测资产、负债和所有者权益的总额，然后确定外部融资需求；第二，根据预计销售增加额来预测资产、负债、所有者权益的增加额，然后确定外部融资需求。

（三）资金习性预测法

资金习性预测法是指根据资金习性预测未来资金需要量的一种方法。所谓资金习性，是指资金的变动同产销量变动之间的依存关系。按照资金与产销量之间的依存关系，可以把资金分为不变资金、变动资金和半变动资金三类。

不变资金是指在一定的产销量范围内，不受产销量变动的影响而保持固定不变的那部分资金。也就是说，产销量在一定范围内变动，这部分资金保持不变。这部分资金包括为维持营业而占用的最低数额现金、原材料的保险储备、必要的成品储备、厂房与机器设备等固定资产占用的资金。

变动资金是指随产销量的变动而同比例变动的那部分资金。它一般包括直接构成产品实体的原材料、外购件等占用的资金。另外，在最低储备以外的现金、存货、应收账款等也具有变动资金的性质。

半变动资金是指虽然受产销量变化的影响，但不成同比例变动的资金，如一些辅助材料占用的资金。半变动资金可根据一定的方法划分为不变资金和变动资金两部分。

二、筹资的具体内容

企业筹资具体包含权益资金的筹集和负债资金的筹集。

（一）权益资金的筹集

权益资金的筹集方式主要有吸收直接投资、发行股票、企业内部积累等。另外，我国上市公司引入战略投资者的行为，也属于权益资金的筹集。

1. 吸收直接投资

吸收直接投资是指企业按照"共同投资、共同经营、共担风险、共享利润"的原则直接吸收国家、法人、个人投入资金的筹资方式。吸收直接投资中的出资者都是企业的股东。企业经营状况好、盈利多，各方可按出资额的比例分享利润，但如果企业经营状况差、连年亏损，甚至被迫破产清算，则各方就要在其出资的限额内按出资比例来承担损失。吸收直接投资是非股份制企业筹集权益资金的基本方式。

2. 发行普通股

股票是股份公司为筹集权益资本而发行的有价证券，是公司签发的证明股东所持股份的书面凭证，代表了股东对股份制公司的所有权。发行普通股是股份公司筹集权益资本的主要方式。

3. 发行优先股

优先股是一种特别股票，它与普通股有许多相似之处，但又具有债券的某些特征。从法律角度来讲，优先股属于自有资金。

优先股股东所拥有的权利与普通股股东近似。优先股的股利不能像债务利息那样从税前扣除，而必须从净利润中支付。但优先股有固定的股利，这与债券利息相似，优先股股东对盈利的分配和剩余资产的求偿具有优先权，这也类似于债券。

4. 留存收益筹资

（1）留存收益的性质

留存收益包括盈余公积和未分配利润，属于企业税后净利润留存部分。形成留存收益的主要原因包括以下两方面：

第一，从法律角度，为了保护债权人的利益以及保证企业的可持续发展，限制企业将获得的利润全额分配。企业应按每年净利润的10%提取法定盈余公积。

第二，企业基于扩大再生产的需要，必将一部分利润进行留存，以备筹资需要。

（2）留存收益的筹资渠道

①提取盈余公积：

提取盈余公积是根据相关法律规定，依据每年净利润的10%进行提取。经提取的盈余公积形成企业的积累资金——盈余公积金，该部分资金为指定用途资金，即主要用于企业的经营发展、转增资本或弥补以前年度的亏损，不得用于对外分配。

②未分配利润：

未分配利润是指没有指定用途的净利润，属于企业的累积留存，可以用于企业的经营发展、转增资本（股本）、弥补以前年度的亏损和以后年度的利润分配。

（3）利用留存收益筹资的优缺点

①优点：

第一，节省筹资费用。与普通股筹资相比，留存收益属于企业自有资金，没有运作、发行等筹资费用，降低了资金成本。

第二，维持企业的控制权分布。利用留存收益筹资，避免了对外发行新股或吸收新的投资者对原有股东控制权的稀释，保持了企业的股权结构。

②缺点：

利用留存收益筹资数额有限。企业留存收益是企业经营积累形成的，取决于企业以往的盈利状况和分配政策，其数额必定是有限的，而外部筹资可以一次性筹集大量资金。如果企业发生亏损，那么当年就没有利润留存。另外，股东和投资者从自身角度出发，往往希望企业每年发放一定的利润，保持一定的利润分配比例，因此留存收益有限。

（二）负债资金的筹集

负债资金的筹集方式主要有向银行借款、发行债券、融资租赁、利用商业信用等。

1. 向银行借款

（1）银行借款的种类

银行借款的种类很多，可按不同标准进行分类。

①银行借款按借款期限可分为短期借款和长期借款。

短期借款是指借款期限在一年以内的借款。短期借款主要有生产周转借款、临时借款、结算借款等。长期借款是指借款期限在一年以上的借款。长期借款主要有基本建设贷款、更新改造贷款、科技开发和新产品试制贷款等。

②银行借款按借款条件可分为信用借款、担保借款和票据贴现。

信用借款是指以借款人的信誉为依据而获得的借款，企业取得这种借款，无须以财产作抵押；担保借款是指以一定的财产作抵押或以一定的保证人作担保为条件所取得的借款，企业长期借款的抵押品常常是房屋、建筑物、机器设备、股票、债券等；票据贴现是指企业以持有的未到期的商业票据向银行贴付一定的利息而取得的借款。

③银行借款按提供贷款的机构可分为政策性银行贷款和商业银行贷款。

政策性银行是指由政府设立，以贯彻国家产业政策、区域发展政策为目的，不以营利为目的的金融机构。我国目前有三家政策性银行：国家开发银行、中国进出口银行、中国农业发展银行。例如，国家开发银行为满足企业承建国家重点建设项目的资金需要提供贷款，进出口信贷银行为企业大型设备的进出口提供买方信贷或卖方信贷。

（2）银行借款筹资的优缺点

①优点：

第一，筹资速度快。银行借款与发行证券相比，一般所需时间较短，可以迅速地获取资金。

第二，筹资成本低。就我国目前情况来看，利用银行借款所支付的利息比发行债券所支付的利息低，另外，也无须支付大量的发行费用。

第三，借款弹性好。企业与银行可以通过直接商谈来确定借款的时间、数量和利息。在借款期间，如果企业情况发生了变化，也可与银行进行协商，修改借款的数量和条件。借款到期后，企业如有正当理由，还可延期归还。

②缺点：

第一，财务风险较大。企业举借长期借款，必须定期还本付息，在经营不利的情况下，可能产生不能偿付的风险，甚至导致破产。

第二，限制条款较多。企业与银行签订的借款合同，一般都有一些限制条款，如定期报送有关报表、不准改变借款用途等，这些条款可能限制企业的经营活动。

第三，筹资数额有限。银行一般不愿借出巨额的长期借款。因此，利用银行借款筹资都有一定的上限。

2. 发行公司债券

公司债券是指公司依照法定程序发行的，约定在一定期限还本付息的有价证券。

（1）债券的类型

①公司债券按有无抵押担保可分为信用债券、抵押债券和担保债券。

信用债券是仅凭债券发行者的信用发行的、没有抵押品作抵押或担保人作担保的债券，企业发行信用债券往往有许多限制条件，这些限制条件中最重要的称为反抵押条款，即禁止企业将其财产抵押给其他债权人。由于这种债券没有具体财产作抵押，只有历史悠久、信誉良好的公司才能发行。抵押债券是指以一定抵押品作抵押而发行的债券。当企业没有足够的资金偿还债券时，债权人可将抵押品拍卖以获取资金。抵押债券按抵押物品的不同，又可分为不动产抵押债券、设备抵押债券和证券抵押债券。担保债券是指由一定保证人作担保而发行的债券。当企业没有足够的资金偿还债务时，债权人可要求保证人偿还。

②公司债券按是否记名可分为记名债券和无记名债券。

记名债券是指在券面上注明债权人姓名或名称，同时在发行公司的债权人名册上进行登记的债券。转让记名债券时，除要交付债券外，还要在债券上背书和在公司债权人名册上更换债权人姓名或名称。投资者须凭印鉴领取本息。无记名债券是指债券票面未注明债权人姓名或名称，也不用在债权人名册上登记债权人姓名或名称的债券。无记名债券在转让的同时随即生效，无须背书。记名债券有利于企业掌握债券持有人情况，也有利于提高持券人的持券安全；不记名债券有利于持券人之间的相互转让，降低持券人和发行企业的转让成本。

③公司债券按能否转换为本公司股票可分为可转换债券和不可转换债券。

可转换债券，是指在一定时期内，可以按规定的价格或一定比例，由持有人自由地选择转换为普通股的债券。不能享有这种权利的债券则为不可转换债券。只有上市公司经股东大会决议后方可发行可转换债券。不可转换债券是指不能转换为普通股的债券。

④公司债券按能否提前收兑可分为可提前收兑债券和不可提前收兑债券。

可提前收兑债券是指企业按照发行时的条款规定，依据一定条件和价格在企业认为合适的时间收回债券，这类债券的好处是当利率降低时，企业可用"以新换旧"的办法，收回已发行的利率较高的债券，代之以新的、利率相对较低的债券，以降低债务成本。不可提前收兑债券是指不能依据条款从债权人手中提前收回的债券，它只能在证券市场上按市价买回，或等到债券到期后收回。

（2）债券筹资的优点

第一，债券成本低。与股票筹资相比，债券筹资成本低。因为债券的发行费用较低，债息在税前支付，有一部分利息已经由政府负担了。

第二，有利于保障股东对公司的控制权。债券持有者无权参与企业管理决策，因此，债券筹资，既不会稀释股东对公司的控制权，又能扩大公司投资规模。

第三，可以发挥财务杠杆的作用。由于债券利息固定，不会因企业利润增加而增加持券人的收益额，从而能为股东带来杠杆效益，增加股东和公司的财富。

第四，有利于调整资本结构。如果公司发行了可转换债券或可提前收兑债券，就对公司主动调整资本结构十分有利。

3. 可转换公司债券

（1）可转换公司债券的分类

可转换公司债券简称可转换债券，是一种兼具股权与债务特征的混合型证券，是公司普通债券与证券期权的组合体。可转换债券的持有人可以在一定期限内，按照事先规定的价格或者转换比例，自由地选择是否转换为公司普通股。

按照转股权是否与可转换债券分离，可转换债券可以分为两类：一类是一般可转换债券，其转股权与债券不可分离，持有者直接按照债券面额和约定的转股价格，在约定期限内将债券转换为股票。另一类是可分离交易的可转换债券，这类债券在发行时附有认股权证，是认股权证和公司债券的组合，又被称为可分离的附认股权证的公司债券，发行上市后公司债券和认股权证各自独立流通、交易。认股权证的持有者认购股票时，需要按照认购价（行权价）出资购买股票。

（2）可转换公司债券筹资的优点

第一，有利于减少利息支出。可转换债券的利率低于同一条件下不可转换债券的利率，可减少公司利息支出。

第二，有利于资金的筹集。可转换债券一方面给予债券持有人以优惠的价格转换公司股票的好处；另一方面又向其提供了进行债权投资和股权投资的选择权，便于债券的发行和资金的筹集。

第三，有利于稳定股票价格。可转换债券的转换价格一般高于其发行时的公司股票价格，因此在发行新股票或配股时机不佳时，可以先发行可转换债券，然后通过转换实现较高价位的股权筹资。此外，可转换债券的转换期较长，有利于稳定公司股票市价。

第四，有利于减少对每股收益的稀释。由于可转换债券的转换价格高于其发行时的股票价格，转换的股票数量相对较少，有利于降低因增发股票对公司每股收益的稀释度。

第五，有利于减少有关各方的利益冲突。由于可转换债券持有人中的相当一部分人日后会将其持有的债券转换成普通股，发行可转换债券不会对公司偿债造成太大压力，一般不会受到其他债权人的反对，受其他债务的限制性约束也较少。同时，可转换债券持有人是公司的潜在股东，与公司的利益冲突也较少。

4. 融资租赁

（1）融资租赁的类型

融资租赁按照业务特点，可分为三种类型。

①直接租赁：

直接租赁是指承租人直接向出租人租入所需的资产，并付出租金。直接租赁的出租人主要是制造厂商、租赁公司。除制造厂商外，其他出租人都是从制造厂商购买资产出租给承租人。通常所指的融资租赁，不做特别说明时即为直接租赁。

②售后回租：

售后回租是由承租人将所购置设备出售给出租人，然后租回设备并使用。租赁业务进行的程序是先做资产买卖交易，然后再进行资产租赁交易。在这种方式下，它既可解决承租人急需资金的问题，使其得到一笔相当于资产市价的现金用于其他资产的购置或现金支付，又可帮助承租人在租赁期内用每年支付的租金换取原来属于自己的资产使用权。

③杠杆租赁：

杠杆租赁一般涉及承租人、出租人和资金出借者三方当事人。从承租人的角度来看，它与其他租赁形式没有区别，然而对出租人却是不同，出租人只出购买资产所需的部分资金（一般为20%～40%）作为自己的投资，另外以该资产作为担保向资金出借者借入其余资金。因此，它既是出租人又是借款人，同时对资产拥有所有权，既收取租金又要偿付债务。如果出租人不能按期偿还借款，那么资产的所有权就转归资金出借者。通常，杠杆租赁形式一般适用于金额较大的设备项目。

（2）融资租赁的优缺点

①优点：

第一，筹资速度快，租赁往往比借款购置设备更迅速、更灵活，因为租赁是筹资与设备购置同时进行，可以缩短设备购进、安装时间，使企业尽快形成生产能力，从而有利于企业尽快占领市场，打开销路。

第二，限制条款少。债券和长期借款都有相当多的限制条款，虽然类似的限制在租赁公司中也有，但一般比较少。

第三，设备淘汰风险小。当今社会，科学技术迅速发展，固定资产更新周期日趋缩短，企业设备陈旧过时的风险很大，而利用租赁集资可减少这一风险。这是因为融资租赁的期限一般为资产使用年限的75%，不会像自己购买设备那样整个期间都承担风险；且多数租赁协议都规定由出租人承担设备陈旧过时的风险。

第四，财务风险小。租金在整个租期内分摊，不用到期归还大量本金。许多借款都要求在到期日一次偿还本金，这会给财务基础较弱的企业造成相当大的困难，有时会面临不能偿付的风险，而租赁则把这种风险在整个租期内分摊，可适当降低不能偿付的风险。

第五，税收负担轻。租金可在税前扣除，具有抵免所得税的效用。

②缺点：

融资租赁筹资的缺点是资金成本较高。一般来说，其租金要比银行借款或发行债券所负担的利息高得多。在企业财务困难时，固定租金也会构成一项较为沉重的负担。

（3）融资租赁的业务风险

①传统融资租赁业务风险：

传统理论认为，融资租赁业务风险主要包括信用风险、市场风险、操作风险、政策风险等。对于这几类风险，业内已基本达成共识，认为其是融资租赁业务面临的主要的、具有传统分类意义的业务风险。

第一，信用风险。

信用风险是指承租人的违约风险，即承租人不愿或无力支付租金而导致租赁公司遭受损失的可能性。信用风险是融资租赁业务的基本风险。

信用风险主要因承租人经营状况恶化、现金流紧张、偿债能力下降而产生。在租赁期内，市场竞争加剧、产品市场竞争能力下降、技术落后或面临淘汰、生产成本提高、下游客户需求不足、企业产品结构调整不及时或调整能力丧失、生产资金供应紧张、融资成本提高等，均可对承租人带来不利影响，进而形成信用风险。就直接租赁而言，租赁物在租赁期内没有形成预期的产能和收益，也可能形成信用风险。

信用风险的表现形式主要包括：承租人不能按时支付租金；租赁物出现损毁或灭失而承租人无力赔偿；设备供应商未按要求履约，购买款项难以返还；等等。

第二，市场风险。

市场风险是指因市场价格的变动而导致租赁公司遭受损失的可能性。市场风险主要包括利率风险、汇率风险以及行业竞争风险。

融资租赁公司的利率风险主要因市场利率变动而产生。租赁公司负债方主要来自银行、证券公司等金融机构借款，资产方主要是应收租赁款。因负债方的期限与资产方的期限不匹配，则可能形成利率风险。资产方的租赁利率相对固定且期限较长，而负债方的借款利率期限往往较短，且随市场波动，波动幅度越大，则租赁公司面临的利率风险就越大。

融资租赁公司的汇率风险主要因开展境外业务或利用境外资金开展境内业务而产生。特别是期限较长的租赁项目，租赁公司融入外币资金的时间也较长，如在租赁期限内出现大幅的汇率波动，则相应增加了租赁公司的汇率风险。

第三，操作风险。

操作风险是指因内部制度缺陷、岗位履职不到位、流程要求不落实等原因导致租赁公司遭受损失的可能性。

融资租赁操作风险主要来自租赁公司内部。一是公司内部制度存在漏洞，特别是公司风险控制制度和公司治理制度存在漏洞，造成公司项目风险控制流于形式，无法按照既定标准审核项目；或者公司逐级汇报制度、审计制度无法落实，造成公司股东会对董事会、董事会对管理层、监事会对董事会无法监督到位，导致公司有关业务开展的风险控制形同虚设。二是因岗位分工不明确、职责不清晰、前后台制约监督不力甚至前后串通，造成较大的操作风险。三是虽然公司内部制度较全面，但履行不到位，即公司对关键岗位和关键操作环节疏于监督和管理，造成风险控制效果较差，从而形成相应的操作风险。

第四，政策风险。

政策风险是因国家有关政策的改变而导致租赁公司遭受损失的可能性。

融资租赁业务所面临的政策风险，其产生原因较多，如监管政策、财政政策、税收政策等发生改变，在政策执行过程中，可能给租赁公司业务操作带来相应的政策障碍，从而导致政策风险的产生。

②经济新常态下融资租赁的业务风险：

我国经济面临结构调整、发展方式转型、技术升级的重大变革，大众创业、万众创新，经济新常态逐步成为当前时期经济发展的新基调。在此经济转型的大背景下，融资租赁行业面临新的发展机遇并不断暴露出新的风险因素，因此融资租赁业务风险管理也正面临新的挑战。目前，我国经济结构调整较之于改革开放以来的其他调整具有很大的不同，其核心是结构和发展模式的调整，调整力度之大、层次之深是前所未有的。随着本轮经济结构调整的不断深化，传统融资租赁业务的操作模式、风险形式等也不断表现出新的特点，这也要求我们对传统的融资租赁业务风险管理理论不断加以完善。

A.信息不对称风险。

信息不对称风险是指出租人由于无法全面、真实掌握承租人的相关信息及所处行业信息等原因而导致租赁公司遭受损失的可能性。在经济新常态下，信息不对称风险较之以往表现得更为突出和普遍。

B. 方案设计风险。

方案设计风险是指因融资租赁方案设计缺陷而导致租赁公司遭受损失的可能性。方案设计风险主要因融资租赁方案中租赁方式、租金支付、设备采购、保证措施等设计结构引起。

C. 协同性风险。

协同性风险是因出租人与承租人之间或出租人与其他机构之间协同合作不利导致租赁公司遭受损失的可能性。换言之，协同性风险既有可能因出租人与承租人之间的协同合作问题而产生，又有可能因出租人与其他机构之间的协同合作问题而产生。

D. 业务转换风险。

业务转换风险是因租赁公司将融资租赁业务转换为其他业务而导致租赁公司遭受损失的可能性。

业务转换风险主要来自租赁公司将正在执行的租赁业务转换为其他业务，特别是转换为投资业务，即债权转股权。该业务的转换使承租人的身份和资金性质发生较大变化，即承租人由债权人转变为投资人，租赁资金由按期收取租金转变为对承租人的长期投资而获取投资回报。引起承租人的上述转换选择主要有两方面的原因：一是因承租人经营管理不善、财务状况持续恶化，无法按期履行租金偿付义务，出租人又没有行之有效的处置方式，但出租人认为承租人尚有一定的投资价值，从而被迫选择将租赁债权转为对承租人的投资股权。二是在租赁业务操作前，出租人基于对承租人产品、技术、市场、发展前景等方面的充分认可，经与承租人协商，将全部或部分应收租金在满足约定情形后，转为对承租人的投资，以获取更多的投资收益，实现租赁业务的增值。无论上述何种原因导致出租人选择租赁业务的转换，都可能面临一定的业务转换风险。

E. 诉讼风险。

诉讼风险是因承租人违约、出租人对承租人进行诉讼追偿债务而导致租赁公司遭受损失的可能性。

在经济新常态下，随着我国融资租赁规模的不断扩大，因承租人违约导致的租赁诉讼案件呈增加趋势。根据法院判决的诉讼案件来看，融资租赁公司败诉的案件也屡见不鲜。造成此种情况的原因主要在于，融资租赁相关法律法规规定不明确，部分法院对相关法律理解、适用的标准不一致；或者融资租赁合同条款约定不明确，承租人对此提出异议。另外，随着经济结构的深度调整，许多承租企业陷入资金紧张、无力还租的困境，融资租赁公司对承租企业启动诉讼程序，但因各种原因导致案件执行不力，双方僵持不下，形成恶性循环。因此，面对当前日益复杂的经济环境，在现有法律法规尚未完善、明确的前提下，融资租赁公司更应加强租赁业务的法务管理，谨慎诉讼，降低诉讼风险。

第三节　企业筹资管理措施

一、企业筹资基本原则

为了经济有效地筹资，企业筹资必须遵循以下基本原则：

（一）效益性原则

企业筹资与企业投资在效益上应当相互权衡。企业投资是决定企业是否筹资的重要因素。投资收益与资本成本进行比较，决定企业是否追加筹资；而一旦采纳某个投资项目，其投资数量就决定了所需筹资的数量。因此，企业在筹资活动中，一方面需要认真分析投资机会，讲究投资效益，避免不顾投资效益的盲目筹资；另一方面，由于不同的筹资方式，资本成本不同，因此需要综合研究各种筹资方式，寻求最优的筹资组合，以便降低资本成本，经济有效地筹集资本。

（二）合理性原则

企业筹资必须合理确定所需筹集资金的数量。企业筹资不论通过哪些筹资渠道，运用哪些筹资方式，都需预先确定筹资数量。企业筹资必须要有合理的限度，使所需筹资数量与投资所需数量达到平衡，避免筹资数量不足而影响投资活动或筹资数量过剩而影响投资效益。企业筹资还必须合理确定资本结构。合理确定企业的资本结构，主要有两方面的内容：一是合理确定股权资本与债权资本的结构，也就是合理确定企业债权资本的规模或比例问题，债权资本的规模应当与股权资本的规模和偿债能力的要求相适应。在这方面，企业既要避免债权资本过多，导致财务风险过高，偿债负担过重，又要有效地利用负债经营，提高股权资本的收益水平。二是合理确定长期资本与短期资本的结构，也就是合理确定企业全部资本的期限结构问题，这要与企业资产所需持有的期限相匹配。

（三）及时性原则

企业筹资必须根据企业资本的投放时间来予以筹划，及时地取得资本来源，使筹资与投资在时间上相互协调。企业投资一般都有投放时间的要求，尤其是证券投资，其投资的时间性要求非常严格，筹资必须与之相配合，避免筹资过早而造成投资前的资本闲置或筹资滞后而贻误投资的有利时机。

（四）安全性原则

占用资金需要承担资本成本，债务性资金还需要到期归还本息，可见不同筹资往往带有程度不等的财务风险，企业一旦达不到预期的投资报酬率，就可能补偿不了资本成本，从而导致财务危机。因此，企业应妥善安排资本结构，努力降低财务风险。

（五）合法性原则

企业的长期筹资活动，影响着社会资本及资源的流向和流量，涉及相关利益主体的经济权益。为此，企业必须遵守国家有关法律法规，依法履行约定的责任，维护有关各方的合法权益，避免非法筹资行为给自身及相关利益主体造成损失。

二、强化企业筹资管理意识

在市场经济体制下，企业成为自主经营、自负盈亏、自我约束、自我发展的独立生产者和经营者，必须独立承担风险。企业在从事生产经营活动时，因内外部环境的变化导致实际结果与预期效果相偏离的情况是在所难免的。因此，加强经营者和财务管理人员对于风险的职业判断能力，培养他们的风险意识和对风险的灵敏嗅觉，及时发现和估计潜在的风险，对于企业防范风险来说具有重要意义。

企业经营管理人员必须首先树立风险意识，正确认识风险，科学预防潜在风险，有效应付风险，必须立足于市场，在充分考虑影响筹资风险因素的基础上，制定适合企业实际情况的风险规避方案。例如，企业领导人员应避免由于决策失误造成支付危机；在企业面临筹资风险时应积极采取措施，利用延期付款、降低利率、债务重组、动员债权人将企业部分债务转作投资等形式，适时与债权人进行协商，为企业持续经营创造条件，避免债权人采取不当措施而影响企业的生产经营。

企业经营管理人员必须将防范筹资风险贯穿于财务管理工作的始终，统筹协调生产经营各个环节，建立财务预警机制，用系统的、动态的方法随时监控企业筹资风险，力争做到高收益、低风险。

三、合理确定企业筹资规模

筹资活动是每个新创立的企业以及扩张生产规模的企业经常遇到的问题。筹资并不是越多越好，因为这样会增加投资者对企业索取权益的压力，或造成资金使用的浪费；筹资也不是越少越好，因为这样会导致企业经营活动举步艰难、财务"窘迫"而失去投资机会。因此，把握好筹资规模是有效开展筹资活动的第一步。筹资规模不是随心所欲盲目而定的，必须遵循筹资活动"以'投'定'筹'、投资规模决定筹资规模"的内在规律。这一规律要求企业筹资活动必须服务于投资，企业筹资规模必须与投资需求相适应，确保筹资量与需要量相互平衡。测定企业筹资规模，就是在预先确定资金需要量的前提下，预算好企业筹资量，规划好筹资进度，只有这样，才能避免盲目筹资或筹资期限搭配不合理所引起的损失，从而确保企业扩大再生产的顺利进行。同时，通过测定好筹资规模，可对现有资本进行存量或增量调整，增加或降低债务资本或股权资本的比重，降低筹资风险。

四、拓宽企业筹资方式，优化企业资金结构

在筹资过程中，企业可以从不同筹资渠道采用不同的筹资方式筹集资金。例如，根据合同或协议采用吸收直接投资的方式或向银行、金融机构借款或采取融资租赁的方式，条件具备的可采取发行股票、发行债券等方式。企业在选择筹资方式时，往往受到资金获得的可能性、资金成本、资金使用期限及其风险等因素的影响，而且不同筹资方式相对应的风险、成本等都是不同的。为此，企业在筹资时，要认真选择筹资来源和方式，根据不同筹资渠道与方式的难易程度、资本成本等进行综合考虑。尤其值得注意的是，在市场经济条件下，企业筹集和使用资金是要付出代价的，即需要支付筹资费用和使用费用，它们形成了资金使用成本，其高低往往是选择筹资方式、确定筹资规模和方案的依据。合理确定企业筹资规模，有利于制定不同的筹资方案，计算各方案的资金成本，从中选择成本较低的筹资方案。另外，企业在筹资过程中确定了筹资规模，并在此基础上采用不同方式的筹资组合方案，再以加权平均资本成本作为比较各筹资组合方案的依据，从而为提高筹资效果、节约资金成本奠定了基础。

企业在经济发展的不同时期应选择不同方式来筹集资金。一般来讲，对于规模较大、实力较强的企业，可选择负债筹资方式，这样既可实现补充资金，又不至于对企业控制权产生太大的影响。新建企业或者规模较小的企业，若想弥补自有资金的不足，迅速筹集资金，扩大生产经营规模，选择发行股票的方式较为理想。

针对不同行业性质，企业也应考虑选择不同的筹资方式，参考如下：

第一，制造业企业的资金需求是比较多样和复杂的，资金周转相对较慢，经营活动和资金使用涉及的面也相对较宽，因此风险也相应较大，筹资难度也要大一些。可选择的筹资方式主要有银行贷款、融资租赁。

第二，贸易流通企业的资金需求主要是库存商品所需的流动资金贷款和促销活动的经营性开支借款。其特点是频率高、贷款周期短、贷款随机性大。

五、合理利用商业信用

企业应建立健全自己的信用政策。企业应充分了解其所处的市场环境、行业状况、企业产品的市场供求状况、客户的财务状况等，并依据自身的财务状况和经营状况来合理科学地确定适合本企业的信用标准。企业还应通过应付账款的分析来合理地评价和不断地优化企业的信用标准。确立了适当的信用标准后，企业还需制定应付账款管

理制度，对应付账款进行制度化管理。企业应建立应付账款时间表，合理确定资金的筹集时间、还款时间，为企业按时还款做好基础工作，以保证企业的商业信用得以维护或有效提高。企业应保持良好的商业信用筹资心态，在减轻企业流动资金筹集压力的同时，降低企业高额的财务费用，有效地提高企业筹资管理水平，降低企业资金成本，提高企业资金使用效益。另外，企业还应考虑社会责任，在维护自身利益的同时，切实保障国家、社会的利益和企业客户的利益，建立良好形象，提高商业信用，为企业的长远发展奠定基础。

（一）应付账款融资

应付账款是指企业购买货物未付款而形成的对供货方的欠账，即卖方允许买方在购货后的一定时间内支付货款的一种商品交易形式。在规范的商业信用行为中，债权人（供货商）为了控制应付账款期限和额度，往往向债务人（购货商）提出信用政策。信用政策包括信用期限和给买方的购货折扣与折扣期。应付账款融资最大的特点在于易取得，无须办理筹资手续和支付筹资费用，而且它在一些情况下是不承担资金成本的。其缺点是期限较短，放弃现金折扣的机会成本很高。

（二）商业票据融资

商业票据是指由金融机构或某些企业签发的，无条件约定自己或要求他人支付一定金额，可流通转让的有价证券，持有人具有一定权利的凭证，如汇票、本票、支票等。

第四章 信息化背景下企业投资管理

第一节 投资概述

一、项目投资概述

（一）投资目标与种类

投资是指企业投入财力，以期在未来获取收益的一种行为。在市场经济条件下，投资是企业实现财务目标的基本前提，是发展与获利的必要手段，也是降低风险的有效方法。投资管理构成现代企业财务管理的一项重要内容。

1. 投资的目标

从一般意义来看，所有投资活动都是为了获得经济利益。因此，取得经济利益是投资的一般目标。但从企业投资的具体动机来看，投资又有以下具体目标：第一，获利目标，通过投资获取最大的收益；第二，扩张目标，通过投资扩大企业经营规模或范围，甚至开拓新领域，或通过收购或兼并实现资本扩张；第三，分散风险目标，通过投资实现持有资产的多元化，以分散持有资产所面临的风险；第四，控制目标，通过投资取得对其他企业的全部或部分控制权，以获取稳定的原材料供应，或扩大市场占有率，取得竞争优势。

2. 投资的种类

企业筹集到一定资金后，只有将资金投放出去，才能获得收益或实现资金的增值。从特定企业角度来说，投资就是企业为了获取收益而向一定的对象投放资金的经济行为。

投资可以按不同的标准分为以下类型：

（1）**按投资活动与企业生产经营活动的关系划分**

按此方法划分，投资可分为直接投资和间接投资。直接投资是指不借助金融工具，由投资人直接将资金转移交付给被投资对象使用的投资，包括企业内部直接投资和对外直接投资，前者形成企业内部直接用于生产经营的各项资产，后者形成企业持有的各种股权性资产。间接投资是指通过购买被投资对象发行的金融工具而将资金转移交付给被投资对象使用的投资。

（2）**按投资活动资金投出的方向划分**

按此方法划分，投资可分为对内投资和对外投资。从企业角度来看，对内投资就是项目投资，是指企业为了取得供本企业生产经营需要的固定资产、无形资产、其他资产和垫支流动资金而注入资金的一种投资。对外投资是指企业为购买国家和其他企业发行的有价证券或其他金融产品或以货币资金、实物资产、无形资产向其他企业注入资金而发生的投资。

（3）按投资活动投入的领域不同划分

按此方法划分，投资可分为生产性投资和非生产性投资。生产性投资是指将资金投入生产、建设等物质生产领域，并能够形成生产能力或可以产出生产资料的一种投资。非生产性投资是指将资金投入非物质生产领域中，不能形成生产能力，但能形成社会消费或服务能力，从而满足人们物质文化生活需要的一种投资。

（4）按投资内容不同划分

按此方法划分，投资可分为固定资产投资、无形资产投资、流动资产投资、房地产投资、有价证券投资、信托投资、保险投资等多种类型。

（二）项目投资的特点

项目投资是一种以特定项目为对象，直接与新建项目或更新改造项目有关的长期投资行为。从性质上看，它是企业直接的、生产性的对内实物投资，通常包括固定资产投资、流动资金投资等内容。

与其他形式的投资相比，项目投资具有以下特点：

1. 投资金额大

项目投资，特别是战略性扩大生产能力投资一般需要较多的资金，其投资额往往是企业及其投资者多年的资金积累，在企业总资产中占有相当大的比重。因此，项目投资对企业未来的现金流量和财务状况都将产生深远的影响。

2. 影响时间长

项目投资的投资期及发挥作用时间都比较长，将对企业未来的生产经营活动和长期经营活动产生重大影响。

3. 变现能力差

项目投资一般不准备在一年或一个营业周期内变现，而且即使在短期内变现，其变现能力也较差。因为，项目投资一旦完成，要想改变是相当困难的，不是无法实现，就是代价太大。

4. 投资风险大

因为影响项目投资未来收益的因素特别多，加上投资额大、影响时间长、变现能力差，必然造成其投资风险比其他投资大，会对企业未来的发展产生决定性影响。无数事例证明，一旦项目投资决策失败，会给企业带来毁灭性的、无法逆转的损失。

（三）项目投资的种类

1. 维持性投资与扩大生产能力的投资

项目投资按其与生产经营活动的关系可分为维持性投资和扩大生产能力投资。维持性投资是为维持企业正常经营，保持现有生产能力而投入的财力，如固定资产的更新投资。扩大生产能力投资是企业为扩大生产规模，增加生产能力，或改变企业经营方向，对企业今后的经营与发展有重大影响的各种投资。

2. 固定资产投资与无形资产投资

项目投资按其投资对象可分为固定资产投资和无形资产投资。固定资产投资是指投资于企业固定资产，特别是生产经营用固定资产的投资，如对房屋建筑物、机器设备、运输设备、工具器具等的投资都属于固定资产投资。无形资产投资是指投资于企业长期使用但没有实物形态资产的投资，如对专利权、非专利技术、商标权、商誉等的投资均属于无形资产投资。

3. 战术性投资与战略性投资

项目投资按投资对未来项目的影响程度可分为战术性投资与战略性投资。

战术性投资是指不影响企业全局和发展方向的投资，如用于更新设备、改善工作环境、提高生产效率等方面的局部性投资。此类投资一般涉及的投资量不大，风险较低，见效较快，而且发生的次数比较频繁。因此，一般这类投资由企业部门经理研究分析后提出，经企业批准后即可实施，不必花费太多的研究、分析费用。内部投资能加强投资人自身的经营实力，属于直接投资，所以也便于投资人的有效控制。

战略性投资是指对企业全局和未来发展方向具有重大影响的投资，如新产品投资、转产投资、建立分公司投资等。此类投资往往表现为投资数量大、回收期限长、风险程度高等特点。因此，这类投资要求企业管理者从方案的提出、分析、论证、决策、实施等诸多环节按照严格的程序进行。

4. 相关性投资与非相关性投资

项目投资按其相互关系可分为相关性投资和非相关性投资。如果某项目的采纳或放弃并不显著地影响另一项目，则可以说两个项目在经济上是不相关的，二者为非相关性投资；如果某项目的采纳或放弃会显著地影响另一项目，就可以说这两个项目在经济上是相关的，如存在因果关系的两个投资项目就是相关性投资。

5. 采纳与否投资与互斥选择投资

项目投资从其决策角度可分为采纳与否投资和互斥选择投资。采纳与否投资是指决定是否投资某一项目的投资。在众多可供选择的方案中选择一个且只能选择一个最好的投资，称为互斥性投资。

6. 新建项目投资与更新改造项目投资

根据项目投资具体目标的不同，项目投资可分为新建项目投资和更新改造项目投资，前者以新增生产能力为主要目的，后者以恢复和改善生产能力为主要目的。在实物中，根据是否需要垫支周转资本，新建项目投资又分为单纯固定资产项目投资和完整的项目投资两大类。单纯固定资产项目投资，简称固定资产投资，是指在投资中只包括为取得固定资产而发生的垫支资本投入，不涉及周转资本的投入。完整的项目投资不仅包括固定资产投资，而且涉及流动资产、无形资产等的投资，因此，不能简单地将项目投资等同于固定资产投资。

（四）项目投资决策程序

一般情况下，项目投资决策程序包括以下几个环节：

1. 投资项目的提出

企业内部的各个层次都能提出投资项目方案。一般而言，企业高层管理人员提出的投资项目，多数是大规模的战略性投资，其方案一般由生产、市场、财务等各方面专家组成的专门小组来拟订。基层或中层管理人员提出的投资项目，主要是战术性投资项目，其方案由主管部门组织人员拟订。

2. 投资项目的审核与分析

一个投资项目，企业需审核与分析以下内容：第一，审核该项目在企业整体目标与计划下的适当性，更重要的是考虑经济效益。第二，估算投资项目的预期现金流量，包括投资项目在未来某一特定时日结束时所产生的残余资产价值。第三，运用各种投资决策方法对现金流量进行分析，评价项目的可行性。第四，在评价过程中，要把与项目有关的风险和经济分析结合起来予以计算和记录。第五，经济分析结束后形成一份带有建议书的总结性报告，提交给决策者。

3. 投资项目的决策

投资项目经审核分析后，应按分权管理的决策权限由企业高层管理人员或相关部门经理做最后决策。投资额小的战术性项目投资，一般由部门经理做出决策，特别重大的项目投资还需要报请董事会或股东大会批准。不管由谁最后做出决策，其结论一般都可以分成以下三种：第一，接受这个投资项目，可以进行投资；第二，拒绝这个项目，不能进行投资；第三，发还给项目提出部门，重新论证后，再行处理。

4. 投资项目的执行

如果一项投资已经被批准而且资金已经到位，那么就意味着执行阶段开始了。对于小额的投资支出，执行程序相对固定，而对于数额较大的支出，则需要进行严格的控制，以保证项目是在预算成本下进行的。执行过程中发生的单独提案，需要企业主管人员签字批准。

5. 投资项目的反馈

投资项目的反馈是对结果进行监控，它实际上包含在执行过程中。把项目收益与成本之间的产出比与该项目预期数据及历史数据进行比较，当实际产出偏离预期产出时，削减成本、提高收益或终止该项目的进行。

（五）项目投资的内容与资金投入方式

1. 项目投资的内容

原始投资（又称初始投资）是为使该项目完全达到设计生产能力、开展正常经营而投入的全部现实资金，包括建设投资和流动资金投资两部分。

2. 资金投入方式

项目投资的资金投入方式包括一次投入和分次投入两种形式。一次投入是指投资行为集中一次发生在项目计算期第一个年度的年初或年末。如果投资行为涉及两个或两个以上年度，或虽然只涉及一个年度但同时在该年的年初和年末发生，则属于分次投入方式。

二、证券投资概述

（一）证券概述

证券是适应市场经济发展要求而产生的，其特有的融资功能与取得企业控制权功能，可促进企业和社会的发展。

1. 证券概念与特点

（1）证券的概念

证券指的是特定主体，根据国家有关法律发行的，代表一定权利的一种信用凭证或法律凭证，用以证明持有人有权依其持有凭证记载的内容获取相应的权益。广义的证券包括商品证券、货币证券、资本证券。

（2）证券的特点

证券具有流动性、收益性和风险性三个特点。其中，流动性与收益性往往成反比，风险性则与收益性成正比。

2. 证券的种类

（1）证券按发行主体分为政府证券、金融证券和公司证券

政府证券是指中央政府或地方政府为筹集资金而发行的证券；金融证券是银行或其他金融机构为筹集资金而发行的证券；公司证券又称企业证券，是指工商企业为筹集资金而发行的证券。

（2）证券按到期时间的长短可分为短期证券和长期证券

短期证券是指到期时间不到一年的证券，如短期融资券、商业票据、银行承兑汇票等。长期证券是指到期时间在一年以上的证券，如股票、国债、公司债券等。一般而言，短期证券风险小，变现能力强，但报酬率相对较低；长期证券报酬率一般较高，但时间长，风险大。

（3）证券按收益状况可分为固定收益证券和变动收益证券

固定收益证券是指票面上规定了固定收益率的证券，如债券票面上一般有固定的利息率，优先股票面上一般有固定的股息率，这些证券都属于固定收益证券。变动收益证券是指票面上不标明固定的收益率，其收益情况随企业经营状况而变动的证券，如普通股。一般而言，固定收益证券风险较小，但报酬率不高；而变动收益证券风险大，但报酬率高。

（4）证券按所体现的权益关系可分为所有权证券和债权证券

所有权证券又称权益证券，是体现证券持有人和证券发行单位所有权关系的证券，这种所有权证券的持有人一般对发行单位有一定的管理和控制权，如股票是一种所有权证券，股东就是发行股票的公司的所有者。债权证券是体现证券持有人和证券发行单位债权关系的证券，如债券。这种证券持有人一般无权对证券发行单位进行管理和控制。发行单位破产时，债权证券要优先清偿，而所有权证券在最后清偿，所以所有权证券一般都要承担比较大的风险。

（5）证券按收益的决定因素可分为原生证券和衍生证券

原生证券是指最初发行的证券，其收益大小主要取决于发行者的财务状况，如债券、股票。衍生证券包括期货合约和期权合约两种类型，其收益取决于原生证券的价格，如债券期货、股指期货。

（6）证券按募集方式不同可分为公募证券和私募证券

公募证券又称公开发行证券，是指发行人向不特定的社会公众广泛发售的证券。私募证券又称内部发行证券，是指面向少数特定投资者发行的证券。

（二）证券投资的特点与目的

证券投资是指企业通过购买有价证券的形式，以期获得收益或其他长远权利的投资行为。它属于一种间接投资，是企业对外投资的重要组成部分。

证券投资与直接投资的最大区别在于证券流通性强，在增加企业收益的同时，可降低企业风险。

1.证券投资的特点

第一，相对于实际投资而言，证券投资流动性强。一般判断流动性强弱的标准有：有明显的、大规模的投资单位的交易，但没有导致市场价格的上下波动；营业时间内存在连续的买价和卖价，存在微小的价差。与实物投资相比，证券转让过程快捷、简便，因此证券具有流动性强的特点。

第二，价值不稳定。证券投资是人与人之间的交易，证券相对于实际资产来说，受人为因素的影响较大，且没有实物作保证，其价值受政治、经济等环境的影响较大，因此具有价值不稳定的特点。

第三，交易成本低。这里的交易成本低是相比于实际资产烦琐的交易过程而言的，证券投资减少了各种烦琐的手续，交易快捷、简便。

第四，证券投资融价值贮藏、增值、流通于一身。证券信息的披露制度决定了证券投资能较好地实现投资者与筹资者的沟通，投资者通过购买上市公司的股票取得投资多样化所带来的分散投资风险的效果。

2. 证券投资的目的

科学合理地进行证券投资，有利于增加企业收益，降低企业风险，实现企业财务目标。企业进行证券投资一般是基于以下目的：

（1）利用闲置资金，获取投资收益

企业在生产经营过程中，时常会有一部分暂时不用的闲置资金。这部分资金可以投资于股票、债券等有价证券，获取投资收益。而企业在有临时性资金需求时，可以将有价证券随时变卖，收回资金。

（2）多元化投资，降低投资风险

企业将资金分散投资于多个相关程度较低的项目，实现多元化经营，能够有效地分散投资风险。由于证券投资不受地域和经营范围的限制，投资选择面较广。当企业购买多种证券形成证券组合时，某一种证券收益下降时，其他证券可能获得较高收益，而且投资于证券，资金的退出和回收比较容易。所以，证券投资是多元化投资的主要方式。

（3）建立稳定的客户关系，保证生产经营顺利进行

企业在生产经营过程中要有稳定的原材料供应和顺畅的销售渠道。如果企业能够对材料供应商或产品销售商进行投资或控股，就能够对关联企业经营施加影响或形成控制，保障本企业的生产经营活动顺利进行。

（4）提高资产流动性，为特定需要积累货币资金

有价证券是流动性仅次于货币资金的流动资产。企业可以在将来需要归还借款、偿付债券本息、现金分红或设备更新等有大量的现金需求，而现有现金储备又不足时，通过变卖有价证券迅速获取所需资金，保证企业的及时支付。

（三）证券投资的对象及种类

1. 债券投资

债券投资是指企业将资金投向各种债券的投资方式。例如，企业购买国债、公司债券、短期融资券等都属于债券投资。与股票投资相比，债券投资能获得稳定收益，投资风险较低。当然，投资于一些期限长、信用等级低的债券，会承担较大的风险。

2. 股票投资

股票投资是指企业将资金投向其他企业所发行的股票的投资方式，如将资金投向优先股、普通股都属于股票投资。企业投资于股票，尤其是普通股，要承担较大风险，但在通常情况下，也会取得较高收益。

3. 基金投资

基金投资是指投资者通过购买投资基金股份或受益凭证来获取收益的投资方式。这种方式可使投资者享受专家服务，有利于分散风险，获得较高、较稳定的投资收益。按收益凭证是否可以赎回，基金可分为封闭式基金与开放式基金。封闭式基金在信托契约未到期之前，不得要求发行人赎回，而开放式基金的投资者可以随时要求基金公司赎回其所购买的基金，但在赎回时需支付一定的手续费。

4. 期货投资

期货投资是指投资者通过买卖期货合约规避价格风险或赚取利润的一种投资方式。所谓期货合约，是指在将来一定时期以指定价格买卖一定数量和质量的商品而由商品交易所制定的统一的标准合约，它是确定期货交易关系的一种契约，是期货市场的交易对象。期货投资可分为商品期货投资和金融期货投资。

5. 期权投资

期权投资是指为了实现盈利目的或规避风险而进行期权买卖的一种投资方式。期权是一种合约，该合约赋予持有人在某一特定日期或该特定日期之前的任何时间以固定价格购进或售出资产的权利。

6. 证券组合投资

证券组合投资是指企业将资金同时投资于多种证券来获取资金收益的一种投资方式，例如既投资于国债，又投资于企业债券，还投资于企业股票。证券组合投资可以有效地分散证券投资风险，是企业、事业、机关等法人单位进行证券投资时常用的投资方式。

（四）证券投资的基本程序

第一，合理选择投资对象。企业进行证券投资，首先要选择合适的投资对象，即选择投资于何种证券，投资于哪家企业的证券。投资对象的选择是证券投资的关键步骤，关系到投资成败。投资对象选择恰当，可以更好地实现企业投资的目标；投资对象选择欠妥，则可能使企业蒙受损失。选择投资对象应遵循安全性、流动性及收益性原则。

第二，开户与委托。投资者在进行证券投资前，应到证券营业部或证券登记机构开立证券交易账户。证券账户用来记载投资者进行证券买卖和拥有证券数额、品种的情况。投资者开户并选择好投资证券品种后，就可以选择合适的证券经纪人，委托其进行证券买卖。

第三，交割与清算。投资者委托证券经纪人买卖各种证券之后，就要及时办理证券交割。证券交割是指买入证券方交付价款领取证券，卖出证券方交出证券收取价款的收缴活动。清算是指投资者将证券买卖的数量、金额相互抵消，然后就其抵消后的净额进行交割的清算制度。

第四，过户。证券过户就是投资者从交易市场买进证券后，到证券的发行公司办理变更持有人姓名的手续。证券过户一般只限于记名股票。只有及时办理过户手续，才能成为新股东，才能享有应有的权利。办理过户后，证券交易才算结束。对于不记名的证券，投资者办完了交割手续之后，交易程序就已结束。

（五）证券投资的风险与收益

1. 证券投资的风险

证券投资的风险是指投资者在证券投资过程中遭受损失或达不到预期投资收益的可能性。

2. 证券投资的收益

从投资人的角度来看，证券投资者的收益是让渡一定资产使用权获得的报酬。证券投资收益包括证券交易现价与原价的价差以及定期的股利或利息收益。收益的高低是影响证券投资的主要因素。证券投资收益有绝对数和相对数两种表示方法，在财务管理中通常采用相对数，即收益率来表示。

第二节　企业投资管理内容

一、项目投资管理内容

（一）项目投资的现金流量

1. 现金流量的含义与作用

（1）现金流量的含义

现金流量，又称现金流动量。在投资决策中，现金流量是指投资项目在其计算期内因资本循环而可能或应该发生的各项现金流入量与现金流出量的统称。这里所使用的现金，是广义的现金，不仅包括各种货币资金，而且包括项目需要投入企业拥有的各种非货币资产的变现价值（或重置成本）。例如，一个项目需要使用原有厂房、设备、材料等，则相关的现金流量是指它们的变现价值，而不是其账面价值。

（2）现金流量的作用

企业在项目投资决策中并不是以利润作为评价项目经济效益的基础，而是以净现金流量作为项目的净收益，以此来评价投资项目的可行性。其具体原因主要是出于以下方面的考虑：

第一，现金流量信息可以反映项目投资的投入与产出关系。现金流量信息所揭示的未来期间现实货币资金收支运动，可以序时动态地反映项目投资的流向与回收之间的投入产出关系，使决策者处于投资主体的立场，完整、准确、全面地评价具体投资项目的经济效益。

第二，现金流量比利润更能反映项目的效益。财务会计按权责发生制计算企业的收入和成本，并以收入减去成本、税金之后的净利润作为收益，用来评价企业的经济效益。而在长期投资决策中，不能按照这种方法计算的收入和支出作为评价项目经济效益的基础，而应以现金流入量作为项目的收入，以现金流出量作为项目的支出，以净现金流量作为项目的净收益，并在此基础上评价投资项目的经济效益。投资决策之所以要按照收付实现制计算的现金流量作为评价项目经济效益的基础，是因为利用现金流量指标代替利润指标作为反映项目效益的信息，可以摆脱权责发生制情况下所必然面临的困境，即由于不同的投资项目可能采取不同的固定资产折旧方法、存货估价方法或费用摊配方法，从而导致不同方案的利润信息相关性差、透明度不高和可比性差。

第三，简化投资决策评价指标的计算过程。利用现金流量信息，排除了非现金收付内部周转的资本运动形式，从而简化了有关投资决策评价指标的计算过程。

第四，有利于对动态投资效果的综合评价。现金流量信息与项目计算期的各个时点密切结合，有助于在计算投资决策评价指标时，应用资金时间价值的形式进行动态投资效果的综合评价。

2. 现金流量的组成内容

项目投资的现金流量包括现金流入量、现金流出量和现金净流量。

（1）现金流入量的内容

现金流入量是指投资方案所引起的企业现实货币资金增加的数额，简称现金流入。

（2）现金流出量的内容

现金流出量是指投资方案所引起的企业现实货币资金减少的数额，简称现金流出。

（3）现金净流量的内容

现金净流量，又称净现金流量，是指项目计算期内由每年现金流入量与同年现金流出量的差额所形成的序列指标，它是计算项目投资决策评价指标的重要依据。

3. 现金流量的估算

由于项目投资的投入、回收及收益的形成均以现金流量的形式表现，在整个项目计算期的各个阶段，都有可能发生现金流量，必须逐年估算每一时点的现金流入量和现金流出量。

（1）现金流入量的估算

①营业收入的估算：

营业收入的估算，应按项目在经营期内有关产品（产出物）的各年预计单价（不含增值税）和预测销售量进行估算。在按总价法核算现金折扣和销售折让的情况下，营业收入是指不包括现金折扣和销售折让的净额。

②回收固定资产残值的估算：

由于已假设主要固定资产的折旧年限等于生产经营期，对于建设项目来说，只要按固定资产的原值乘以其法定净残值率即可估算出在终结点发生的回收固定资产残值。

③回收流动资金的估算：

假定在经营期不发生提前回收流动资金的情况，则在终结点一次回收的流动资金应等于各年垫支流动资金投资额的合计数。

（2）现金流出量的估算

①建设投资的估算：

在建设投资的估算中，固定资产投资又称固定资产原始投资，主要应当根据项目规模和投资计划所确定的各项建筑工程费用、设备购置成本、安装工程费用和其他费用来估算。

②流动资金投资的估算：

首先，应根据项目经营期内每年流动资产需用额和该年流动负债需用额的差额来确定本年流动资金需用额；然后，用本年流动资金需用额减去截止上年末的流动资金占用额（即以前年度已经投入的流动资金累计数）确定本年的流动资金增加额。实际上这项投资行为既可能发生在建设期期末，又可能发生在试产期，而不像建设投资大多集中在建设期发生。

③经营成本的估算：

与项目相关的某年经营成本等于当年的总成本费用（含期间费用）扣除该年折旧额后的差额。这是因为总成本费用中包含的折旧费用并不需要动用现实货币资金。

项目每年的总成本费用可在经营期内一个标准年份的正常产销量和预计消耗水平的基础上进行测算；年折旧额可根据本项目固定资产原值的折旧年限进行估算。

经营成本的节约相当于本期现金流入的增加，但为统一现金流量的计量口径，在实务中仍按其性质将节约的经营成本以负值计入现金流出量项目，而并不列入现金流入量项目。

④各项税款的估算：

在进行新建项目投资决策时，通常只估算所得税。必须指出的是，如果从国家投资主体的立场出发，就不能将企业所得税作为现金流出量项目看待。只有从企业或法人投资主体的角度出发，才将所得税列作现金流出。

4.终结现金净流量

终结现金净流量是指企业固定资产不再继续使用，项目进行清理所发生的各种现金收支，即在项目计算期的最后一年所发生的固定资产清理净收入和回收的流动资金。项目终结的"年份"具有双重含义，它既是项目经营使用期的最后年份，同时也是项目终了的年份。因此，在终结点上所发生的现金净流量不同于终结现金净流量，它既包括最后一年的经营现金净流量，又包括非经营现金流量。非经营现金流量包括固定资产的残值收入或变价收入及税赋损益、垫支营运资本的回收、停止使用土地的变价收入等。

（二）项目投资决策

1.投资决策评价指标及分类

（1）评价指标的含义

项目投资决策评价指标是指用于衡量和比较投资项目可行性，以便据以进行方案决策的定量化标准与尺度，是由一系列综合反映投资效益、投入产出关系的量化指标构成的。

（2）评价指标的分类

①按是否考虑资金时间价值进行分类：

评价指标按其是否考虑资金时间价值，可分为非折现评价指标和折现评价指标两大类。非折现评价指标是指在计算过程中不考虑资金时间价值因素的指标，又称静态指标，包括投资报酬率和静态投资回收期。与非折现评价指标相反，利用折现评价指标时必须充分考虑和利用资金时间价值，因此折现评价指标又称动态指标，包括净现值、获利指数和内部收益率。

②按指标性质不同进行分类：

评价指标按其性质不同，可分为在一定范围内越大越好的正指标和越小越好的反指标两大类。投资报酬率、净现值、获利指数和内部收益率属于正指标，静态投资回收期属于反指标。

③按指标数量特征进行分类：

评价指标按其数量特征不同，可分为绝对量指标和相对量指标。前者包括以时间为计量单位的静态投资回收期指标和以价值量为计量单位的净现值指标；后者除获利指数用指数形式表现外，大多为百分比指标。

④按指标重要性进行分类：

评价指标按其在决策中所处的地位，可分为主要指标、次要指标和辅助指标。净现值、内部收益率等为主要指标，静态投资回收期为次要指标，投资报酬率为辅助指标。

⑤按指标计算的难易程度进行分类：

评价指标按其计算的难易程度，可分为简单指标和复杂指标。投资报酬率、静态投资回收期和获利指数为简单指标，净现值和内部收益率为复杂指标。

2.投资决策评价方法

投资优劣的评价标准，应以资本成本为基础，其基本原理是：投资项目的收益率超过资本成本时，企业的价值将增加；投资项目的收益率小于资本成本时，企业的价值将减少。根据分析评价指标的类别，项目投资评价方法相应地分为贴现评价法和非贴现评价法两种。

（1）贴现评价法

这是考虑货币时间价值的分析评价方法，亦称贴现现金流量分析技术。

（2）非贴现评价法

非贴现评价法是指运用非贴现指标进行评价。非贴现指标也称静态指标，即不考虑资金时间价值因素的指标，主要包括投资报酬率、投资回收期等指标。

二、证券投资管理内容

这里主要介绍债券投资和基金投资。

（一）债券投资

1.债券的定义

债券是债务人据以允诺在一定具体时间内向投资者偿还所借数额并支付利息的一张契约。

按照不同的标准，债券可以分为很多种类。

按照发行主体划分，债券可以分为国债、金融债和企业债。国债是由国家发行的债券，一般被视为零风险债券；金融债是由金融机构发行的债券；企业债则是由企业发行的债券。

按照发行期限划分，债券可以分为短期债券、中期债券和长期债券。一般而言，短期债券是指 0～3 年的债券；中期债券是指 3～10 年的债券；长期债券则是指 10～30 年或更长期限的债券。

按照发行价格与面值的关系划分，债券可以分为贴现发行债券、平价发行债券和溢价发行债券。贴现发行债券是指发行价格低于面值的债券；平价发行债券是指发行价格等于面值的债券；溢价发行债券是指发行价格高于面值的债券。

按照利息支付方式划分，债券可以分为零息债券、固定利率的付息债券和浮动利率的付息债券。零息债券是指到期时一次还本付息的债券；固定利率的付息债券是指定期支付固定的利息，到期支付本金的债券；浮动利率的付息债券是指在既定的基准利率基础上，上浮 N 个百分点作为每次定期支付的利息，并且到期支付本金的债券。

2.债券市场

（1）市场构成

我国债券市场主要由场内市场和场外市场构成。其中，场内市场包括上海证券交易所和深圳证券交易所、北京证券交易所，合称交易所债券市场；场外市场则包括全国银行间债券市场和记账式国债柜台交易市场。

（2）国债二级市场交易体系的差别

①交易制度的差别

从理论上讲，根据价格发现机制的不同，交易制度一般可以分为两类：一类是报价驱动市场，通常又叫做市商市场。在做市商制度下，指定的做市商通过连续地报出买卖价格和愿意交易的数量为市场提供流动性。投资者对流动性的需求是通过提交市价委托单并且该委托单满足做市商的买卖价格来实现。做市商具有保持交易连续性的责任。报价驱动市场一般被认为是能够较好地提供及时性，即在给定的价格下，交易可以很快地执行。另一类称为指令驱动市场，通常又叫竞价市场。在电子撮合制度下，市场并没有专门指定的流动性提供者，流动性是通过一个公开的限价委托单簿，即来自交易商的委托单来提供，根据预先决定的交易规则进行匹配成交，从而为市场提供流动性。指令驱动市场一般被认为能够更加有效地发现价格。

②交易主体的差别：

交易所市场和全国银行间市场在交易主体上也存在较大差别。前者面向除商业银行、信用社等储蓄性金融机构以外的各类机构投资者和个人投资者。参与后者的国债交易原先需要中国人民银行批准，并主要容纳商业银行、信用社、保险公司、基金管理公司、证券公司等金融机构，但自从实行准入备案制以来，几乎任何类型的机构投资者均可以不同方式进入这一市场，个人投资者也可以通过商业银行的记账式国债柜台交易部分介入其中。

③交易品种的差别：

就国债品种来看，以往发行并上市交易的债券中，仅 000696、000896、009704、009905、010215 和 010301 六个券种在两个市场同时交易。其中，前四个券种仅能从交易所市场向全国银行间市场进行单向转托管，而后两个券种可以在两个市场间进行双向转托管。交易品种的分割，使两个市场的定价基础相对分割，进而使基于单一定价原理的套利定价理论无法完全实现，两个市场收益率曲线和期限结构必然出现明显差距。

④清算方式的差别：

全国银行间国债市场的债券托管结算和资金清算分别通过中央国债登记结算有限公司和交易对手各自的开户银行进行，以见券付款、见款付券两种方式为主，清算时间为T+0或T+1(伪交易日)。交易所国债市场通过中国证券登记结算公司上海分公司、深圳分公司、北京分公司，以及交易所与会员之间的银行清算体系进行债券托管结算和资金清算，实行T+0回转交易、T+1资金交收方式。

3.债券投资风险管理

（1）利率风险管理

中国人民银行针对流动性过剩、物价上涨过快等问题，可运用上调存款准备金率、上调存贷款利率等多种手段和工具，对经济实施调控。债券作为利率敏感型产品，其定价及价格波动主要依据利率变化而进行，从而决定了债券资产及负债的变动状态。因而，利率风险是当前债券主体进行债券投资时首先需要考虑的主要风险。

（2）信用风险管理

信用风险，即违约风险，在具体业务活动中可分为发债主体违约风险和交易主体违约风险。发债主体违约风险主要指发债主体没有能力或不愿意兑付债券本息造成的风险。交易主体违约风险是指在交易活动中交易主体没有能力或不愿意履行券款交割造成的风险。

（3）流动性风险管理

在全国银行间债券市场中，衡量流动性的一个因素是资产快速变现的能力，即在价格不产生大幅波动的前提下，能否大量出售所持有的债券资产。

从目前情况分析，我国银行间债券市场，由于各类投资主体对资金供求、利率预期等有趋同的判断，债券的持有者可能在某一时点做出相同的债券出售或购入决策，影响了债券交易价格和成交效率，从而导致流动性风险的产生。为了避免流动性不足而导致的损失，加强流动性风险管理显得十分重要。

4.债券投资内部风险控制体系的建立

内部风险控制体系是指投资主体为了确保债券投资管理目标得以实现而设立的一系列以风险控制为主的控制方法、控制手段和控制技术的总称。

债券投资内部风险控制体系有以下功能：一是约束功能。各类投资主体可以实施一系列的控制活动来约束人的行为，使债券交易员及相关人员能够按照规范化的操作程序来开展业务，从而保证投资活动的安全运行和债券投资目标的实现。二是预防功能。债券投资业务的特点决定了它的风险性，如果在风险发生前就采取一系列的控制活动，就可以防范风险，从而对风险的发生起到预防作用。三是纠偏功能。对债券投资过程中发生的差错，可以通过内部控制加以纠正，化解可能发生的风险。

（1）内部风险控制的方法和手段

①内部风险控制的方法：

A. 事前控制。

这种控制能在债券投资风险发生之前就预警，使管理者能够及时采取措施加以控制。例如，针对信用产品的资信评级，就是一种事前控制。投资人员通过对信用产品到期偿还能力的分析，在对未来预测的基础上决定是否投资或者采取何种策略投资，以防范风险。由于是在事前对可能发生的风险进行预测，它存在很大难度，并且可能出现一些意外的或事先无法预测的影响因素，信息的不准确可能带来预测的不准确，预测的不准确可能带来内控的失效。

B. 事中控制。

事中控制发生在债券投资过程中，即与投资过程同时进行。其特点是在投资过程中一旦发生偏差，马上纠正。事中控制对管理者的要求比较高。因为事中控制的效果更多地依赖于各级管理者的个人素质、作风、指导方式以及下属对这些指导的理解程度等因素。例如，投资业务中风险敞口的审查、利率风险的控制，就是事中控制方法的具体运用。业务部门的中台及投资主体内部的风险控制部是事中控制的具体执行部门，其通过在债券投资过程中的量化风险指标变动情况，督促业务部门严格执行已确定的风险管理指标，以实现管理层确定的风险管理目标。

C. 事后控制。

它的控制作用发生在债券投资行为之后，其特点是把注意力集中在债券投资的结果上，并以此作为改进下一次操作的依据。其目的是力求"吃一堑，长一智"，提高下一次投资操作的水平。事后控制首先将预期目标和实际工作效果进行比较，指出偏差并分析原因，然后总结经验。事后控制对于发现问题、总结经验起到非常重要的作用。但是其只能在事后发挥作用，它的作用只是"亡羊补牢"，所以在日常控制活动中，往往与其他控制方法一起使用。

②内部风险控制的手段：

A. 组织结构控制。

投资主体组织结构控制，对债券投资活动有着极其重要的影响，建立相互联系、相互制约的组织结构，对投资主体进行内部控制是至关重要的。

投资主体建立内控制度应设立"三道防线"，并建立一套完整的、科学的、有效的规章制度和操作程序。第一道防线是对属于单人操作岗位处理的债券业务必须有后续监督机制。例如，交易操作岗位实行双人复核制。第二道防线是实行严格的授权分责制，实现部门间的相互监督制约。例如，债券投资部、风控部、财务核算部实行分离，其中债券投资部负责具体的投资运作；风控部负责具体量化管理层确定的风险管理目标，分解到投资部门并督促其执行；财务部门正确核算投资部门绩效，记录其投资业绩及相应风险指标。第三道防线是内部稽核部门进行定期或不定期的监督检查和评价各部门是否建立及执行了相应的规章制度。

B. 授权审批控制。

所谓授权审批控制，是典型的事前控制，具体是指在债券投资过程中的各种操作，必须由被批准或被授权的人去执行，投资部门的各级人员必须获得批准或授权才能执行正常的业务。

授权审批控制是确保稳健投资、防范风险发生和扩大的重要制度。国外许多著名的投资机构通常对风险管理与控制的授权和审批制度及程序进行科学、严密、谨慎的规定。西方投资机构风险管理一般为逐级授权审批制度，采取逐级授权可以使投资主体在一定风险承受范围内保持最大的灵活性。这在债券投资业务中尤其适用，因为债券市场是瞬息万变的，倘若为了风险管理的方便而使权限过于集中，将会丧失很多市场机会，进而影响投资收益。

C. 标准化控制。

它是对债券投资活动中一些重复的操作业务，按照客观要求，规定其处理的标准化程序。标准化控制使投资部门按章办事，按业务流程操作，一方面可以减少业务工作的失误和差错，另一方面有利于工作效率的提高。因为统一的规章制度和科学的操作流程可以避免职责不清、互相扯皮的现象发生，可以保证每项业务活动以最快的速度和最小的消耗得以顺利完成，可以大大提高投资部门的工作效率。随着计算机的普及和应用，现在许多操作规程都通过计算机软件来完成，投资人员只要简单输入一些基础数据，复杂的计算和分析都由计算机通过统一的程序来完成，这为实现标准化控制提供了有力的技术支持。

D. 业务控制。

投资主体要在健全资本金制度、全面实行资产负债管理的基础上，对债券融资业务、债券现券交易、债券衍生交易等建立完善的内部监督与风险防范制度，尤其在风险较高的业务上，要建立有效的内部控制制度，优化投资资产结构，预防、降低投资风险，提高投资资产的质量。

E. 检查与监督控制。

投资主体应以规章制度保证检查监督机构——稽核部门的权威性与独立性，即保证稽核部门独立行使综合性内部监督职能，且只对一级法人负责。投资主体内部应建立内部控制评价制度，根据一定程序、方法及指标对内部控制制度的健全性、有效性进行审查评价，并提出改善建议。

（2）风险控制的策略

①风险回避策略：

风险回避是投资主体在从事债券投资业务中，从自身发展战略和经营策略出发而采取的避免某种风险发生的措施。譬如，可以限制交易部门投资具有较大风险的业务品种，或者在业务操作过程、合同签订过程中采取措施防止风险的发生。

②风险转移策略：

风险转移也是一种事前控制，有些风险是投资主体无法回避或不易回避的，但是可以在风险发生之前，通过各种交易活动，把可能发生的风险转移给其他人。风险转移实质上是将风险和收益重新安排。风险转移主要靠金融衍生工具包括远期合约、期货、期权、互换来实现。近年来，衍生产品的发展为我国债券投资主体进行业务风险转移提供了部分工具和便利。

③风险保留策略：

风险保留策略是指对于那些无法回避又不能转移的风险，投资主体在能够承担的情况下接受并采取相应的措施来降低和抵御风险。在下面两种情况下，投资主体应采取风险保留策略。一是债券投资业务所包含的风险极其复杂，且很难向第三方转移。比如，对于资信评级相对较低的民营企业发行的一些票面利息较高的短期融资券，投资主体对其可能出现的兑付风险很难预测，而此时卖出的机会成本比持有此债券可能承担的风险要更大，此时无必要进行相关操作。二是为了获得某类风险可能带来的收益而必须承担一定风险。比如对无担保企业债券，部分资信评级较低的企业债券拥有较高现金流收入，但投资主体在投资中需承受一定的信用风险。

（3）内部风险控制体系的建立

要使一系列的风险管理手段、技术、方法能够在投资主体内部实施并发挥作用，则必须构建一个高效、完整的风险控制体系，为债券投资业务风险管理提供基础保障。

设立职能型的风险控制组织体系，主要是由于债券投资业务本身较为复杂，可能面临的风险较多，单纯依靠某一个部门管理较为困难，而针对债券业务的风险专门设立多个部门进行控制，又与投资主体的其他业务风险管理部门相重合。考虑到我国债券市场仍处在发展期，投资主体的债券投资占其总业务的比重不大，将债券风险控制体系纳入投资主体风险管理的整体框架较为可行。投资主体只需根据债券业务与其他业务的差别在专业人员、技术等方面对相应职能部门增加投入即可。当然，本部分只是对风险控制体系进行探讨，还需要在实践中进行反复检验。

（二）基金投资

基金投资是一种利益共享、风险共担的集合投资方式，它是通过发行基金份额、受益凭证等有价证券，聚集众多投资者的资金，交由专业投资机构经营运作，以获取投资收益的一种投资方式。通俗地说，基金投资是通过汇集众多投资者的资金，交给银行保管，并由专业的基金管理公司负责投资于股票、债券等证券，以实现保值增值目的的一种投资工具。

1. 基金投资的种类

（1）按照发行条件和变现方式划分

按照发行条件和变现方式不同，基金可分为封闭型基金和开放型基金。

封闭型基金有发行总额和存续期限的限定，在募集结束并达到发行限额后，基金即宣告成立并且予以封闭。在封闭期内基金单位总数不变，基金上市后投资者可以通过证券市场转让、买卖基金。在基金的存续期内，不再追加发行新的基金，也不允许证券持有人赎回基金，投资者只能通过证券交易所买卖基金。

开放型基金没有发行总额和存续期限的限定，发行者在首次发行结束一段时间后，可根据市场供求状况追发新的份额或被投资者赎回。开放型基金由于允许赎回，其资产经常处于变动之中。

（2）按照组织形式划分

按照组织形式的不同，基金可分为契约型基金和公司型基金。

契约型基金又称单位信托基金，是把投资人、管理人（基金管理公司）和托管人（银行）三者作为当事人，由管理人和托管人签订信托契约的方式发行受益凭证而设立的一种基金。契约型基金通过信托契约来规范三方当事人的行为，基金管理人负责基金的管理操作，基金托管人作为基金资产的名义持有人，负责基金资产的保管和处置，并对基金管理人的运作实行监督。

公司型基金是按照公司法的要求，以公司形式设立的一种基金。基金管理公司以发行股份的方式募集资金，投资人以购买公司基金份额（股份）的方式成为公司股东，凭其持有的基金份额享有投资收益。

（3）按照投资对象划分

按照投资对象的不同，基金可分为股票基金、债券基金、期货基金、期权基金、认股权证基金等。

股票基金，是指以增长潜力大、发展前景好的上市公司普通股股票及少量优先股股票为投资对象的基金。股票基金具有较强的变现性和流动性，比较适合于风险型投资者进行中、短期投资。

债券基金，是指以各种上市流通的政府债券、金融债券、公司债券等为投资对象的基金。投资于债券的基金可以获得稳定的收益回报，对于稳健型投资者比较合适。

期货基金，是指投资期货市场以获得较高回报的基金。由于期货市场具有高风险和高回报的特点，投资期货基金可能获得较高的投资收益，同时也面临较大的投资风险。

期权基金，是指以能分配股利的股票期权为投资对象的基金。期权基金的投资损失被锁定在权利基金限度内，投资风险较小，如果判断准确，运作得当，就能够获得较为可观的收益。因此，期权基金通常适合于稳健型的投资者。

认股权证基金，是指以认股权证为投资对象的基金。认股权证是指由股份有限公司发行的、能够按特定价格在特定的时间内购买或者卖出一定数量的该公司股票的选择权凭证。一般来说，认股权证的投资风险比通常的股票投资风险要大得多。认股权证基金属于高风险基金。

2.基金投资的价值评价

（1）基金投资的价值

基金也是一种证券，与其他证券一样，基金的内在价值也是指在基金投资上所能带来的净现金流量。但是，基金内在价值的具体确定依据与股票、债券等其他证券又有很大区别。

基金的价值取决于基金净资产的现在价值。其原因在于，股票的未来收益是可以预测的，而基金投资的未来收益是不可预测的。由于投资基金不断变换投资组合对象，再加上基金投资者对资本利得的追求，变幻莫测的证券价格波动，使得人们对于投资基金未来收益的预测非常困难。因此，基金投资者关注的是基金资产的现有市场价值。

（2）基金投资的估价

①基金单位净值：

基金单位净值，又称单位净资产值或单位资产净值。基金的价值取决于基金净资产的现在价值，因此基金单位净值是评价基金业绩最基本和最直观的指标，也是开放型基金申购价格、赎回价格以及封闭型基金上市交易价格确定的重要依据。

②基金收益率：

基金收益率是用以反映基金增值的指标，通过基金净资产的价值变化来衡量。

③基金的报价：

从理论上说，基金的价值决定了基金的价格，基金的交易价格是以基金单位净值为基础的，基金单位净值高,基金的交易价格也高。封闭型基金在二级市场上竞价交易，交易价格由供求关系和基金业绩决定，并围绕着基金单位净值上下波动。

第三节　企业投资管理措施

一、加强企业项目投资管理措施

（一）投资前应该加强投资项目的决策管理

首先，重视前期准备工作，做到项目决策科学化。企业决策者及领导层要在科学理论的指导下，采用理性、科学、民主的方法，遵循科学合理的企业决策程序，根据企业总体发展战略，按照企业资源整合的需求，由掌握科学知识的整体，即专家、学者及领导者，应用集团智力的优势，经过可行性研究和科学论证筛选出最优方案，这样才能提高项目决策的正确性，避免决策损失，提高企业投资监管能力。其次，以市场为导向，做好项目评估论证工作。企业决策者在对投资项目进行决策时，还必须经过充分分析、论证，对建设项目进行全方位的市场调研和分析，把握市场需求的发展趋势，确立项目的目标市场，制定市场营销策略，为项目的建设和未来运营提供可靠的基础。与此同时，企业决策者还必须从严抓投资项目决策管理办法入手，在投资过程中逐步制定一些需要遵循的管理制度，加快企业投资项目决策速度，提升管理效率，为进一步提升企业竞争力打下坚实的基础。

（二）做好投资项目竣工后的评价工作，确保企业投资项目建设的良性循环

实际中，有些企业投资项目很难达到预期效果，通过建立项目后期评价机制，可以分析问题和症结所在，从而避免不合理的投资再次发生。在投资项目竣工后，要对项目实际投入与项目前期设计进行对比，找出二者的差距，同时对没有达到预期效果的投资项目相关负责人进行责任追究，对投资项目建设得好的相关负责人进行奖励，从而实现投资项目管理的良性循环。

二、证券投资管理措施

（一）完善证券市场环境

随着经济的持续发展和经济体系的逐步建立，各类投资者也在成熟和壮大，于是投资需求呈现多样化的趋势。因此，不断提升和完善证券市场的环境是我国目前一项重要的任务。应该鼓励和支持上市公司做优做强，并推动更多代表中国经济的公司上市，通过扩大证券市场的规模探索更多的并购方式，以改善证券市场环境，重振市场信心。另外，我们可以从制度上鼓励增持回购，对于稳定市场情绪和树立市场信心有着一定的积极作用。严厉打击违法违规行为，因为这不仅是对证券投资者负责，也有助于完善和净化证券市场环境。

（二）丰富市场交易品种，使广大投资者拥有更多的选择机会

随着市场经济的发展，我国应根据投资者的不同需求，完善并发展市场交易工具，特别是通过发行可转换债券增加证券品种，以拓宽融资渠道，使投资者拥有更多的选择。可转换债券对于我国证券投资具有很大的激活作用，不仅能够丰富证券品种，而且还能有效抑制过度投机。

可以进一步发展期货、认股权证等其他衍生工具，证券投资的价格风险会随着市场经济体制的完善而更加突出，衍生金融工具能促进相关基础市场的流动性，形成均衡价格，进而达到风险转移和资源分配的目的。发展金融衍生工具时，应该做到立法

与监管先行，立足国情，重点发展能够规避风险和保值的衍生金融工具。

三、多元化投资管理实现路径

（一）新建还是并购

并购或新建投资都可以使企业生产规模扩大，资产总量增加。然而，选择并购，还是进行新建，对于企业决策者来讲，并不是轻松的事情。尤其是并购投资，由于其对外部的影响要远大于新建投资，因此，在经济活动中占据越来越重要的地位。并购被称为企业超常规发展的必由之路，原因在于其见效快，易于进入新领域，并能有效地规避行业风险和生产经营风险。企业并购的可行性研究是在实施并购前对企业并购所应具备的各种条件及并购后的企业发展前景及技术、经济效益等情况进行的战略性调查和综合性论证。它是保证企业并购科学性、提高企业并购效益的重要环节。它既能论证并购的可行性，又是优选并购方案的手段。高质量的决策一定是立足于良好的决策依据，而不可能盲目偏信。所以，企业做出并购投资决策，不应是押宝碰运气，而是应当建立在充分掌握投资决策依据的基础上。这就要求企业树立重视投资决策依据的意识，充分运用搜集、筛选、整理、储存、提炼升级、运用反馈等手段，努力提高决策依据的时效性、准确性、可靠性和系统性。

并购交易是把企业当作特殊的商品，通过外部市场交易行为扩大或者优化企业内部组织。新建投资则是利用企业的内部组织能力和资源从市场购买土地、机器等生产资料组建或扩建新的生产能力，使企业规模和能力得到扩张。新建投资以企业内部组织交易方式替代市场的交易行为，虽然消除了部分市场交易的成本，但企业内部管理也同样存在成本——内部组织成本。企业所具有的能力和拥有的资源决定了内部组织成本和市场交易成本之间的差异。因此，并购和新建投资就是企业在市场与内部组织之间成本与效益的选择。企业家需在收购效率和新建效率之间进行权衡：如果企业内部组织效率高于并购交易的市场效率，企业就会倾向采用并购的方式进行投资；相反，企业就会倾向采用新建投资的方式进行并购。

并购和新建投资作为企业两种主要的资源配置活动，是企业战略的重要实施手段。并购与新建投资的选择其实就是资源配置方式的选择。当企业战略规划确定了拟进入的行业和时机后，并购和新建投资为企业提供了选择：并购为企业实现快速进入或扩张的战略目标提供了速度优势；而新建投资则使企业有更多的机会充分发挥内部资源和能力的优势。企业在选择投资方式时，要根据企业的战略目标综合考虑企业所处的竞争环境、企业特质等因素，进而做出决策。企业为了实现长期的战略目标，将会综合考虑不同投资行为的影响和效益，最终还是要围绕企业的发展战略来进行决策。战略性地运用并购和新建两种投资方式，成为企业实现战略目标并获得竞争优势的重要资本工具，二者虽然有替代关系，然而对于企业的发展却是相辅相成的。因此，面对复杂、多变的市场，企业采用并购或新建方式，既受到外部市场环境的影响，也受到企业内部组织能力的制约。

（二）影响并购投资决策的外部因素

1. 市场竞争程度

并购与新建投资的区别之一是，并购是对市场存量的一个调整，而新建投资新增了市场供给。在行业初创和发展阶段，市场竞争程度较低，新建投资是这一时期的主流投资行为。随着行业的不断成熟，竞争逐步加剧，企业开始追求规模效应，产能逐步过剩，企业投资行为由并购代替了新建投资，成为主流。市场竞争程度也会对政府的宏观调控产生影响，而政府对某一行业的政策倾向往往也会左右投资决策。政府对某一个行业的管制可能对某种投资方式产生倾向性，或者更加有利于某种投资方式的实施。例如，对于某些实力较弱、缺乏竞争优势的行业，政府可能制定优惠政策，鼓励向这一领域新建投资；而对于某些趋于饱和或重复建设现象严重的行业，为了避免过度竞争，政府可能鼓励行业并购整合，以期进一步优化资源配置。相应地，企业在进行投资时，很大程度上会考虑政府的政策倾向性，以使企业的投资决策更具合理性。

2. 资源限制

企业的核心竞争力在于它的主要产品，而产品的形成依赖于特定的资源。根据资源特点的不同，企业的投资偏好也有所不同。从另一个角度讲，投资选择受到客观条件的制约，而这一制约正是由于资源的特殊性所造成的，好的资源往往给企业带来特殊的竞争优势。对于某些资源来说，数量或者位置的自然约束，会使企业获得资源的可能性受到限制。在这种情况下，为了获得优势资源，并购可能是企业唯一的方式。

3. 资源可转移性

新建投资和并购活动实质是企业能力和资源的扩张。企业通过新建投资的方式，使其核心能力在企业内部得到扩展和传播；而通过并购方式，企业获得并购企业或部分企业，通过整体移植的方式获得并购方的核心能力或核心资源。能力和资源是否具有可转移性，决定了企业能力扩张和资源获取的方式。

物质资本集中的企业倾向于新建投资，人力资本集中的企业倾向于并购投资。

物质资本集中的企业更大程度上拥有显性知识（显性知识可以通过语言、手册等手段传播转移），知识转移是有效的，所以，偏好选择新建投资。

4. 行业需求变化

一般来说，如果进入需求多变的行业，企业往往更倾向于并购投资。需求多变的行业中，新入者经营风险高，并购可以使新入者迅速占领一席之地，能够更好应对需求变化。相反，对于需求稳定的行业而言，企业往往能够形成更有效的预见和计划，可以通过新建投资进入市场。

（三）影响并购投资决策的内部因素

1. 进入市场的速度

并购比新建投资更具有进入市场的速度优势。通过并购，企业可以大大缩短项目的建设周期或投资周期，迅速进入当地市场，在激烈的市场竞争中抢得先机。新建投资一般涉及项目论证、政府审批、基础建设、设备安装、人员配置等不同阶段的工作，建设周期长，不确定因素多。并购可促进企业快速成长。目前，技术突破和重大创新越来越依靠学科间和产业间的交流与合作，原先那种有明确边界的学科划分和产业部门划分被打破。一个企业所具备的能力和资源极其有限，仅仅依靠自己内部的研究与开发难以进行有效竞争。再者，产品生命周期日益缩短，科学技术变越来越高端复杂，研究与开发费用也由于人工成本和资本成本的提高而大幅增加，紧迫性和风险性也与日俱升，一定程度上降低了研究与开发的潜在回报价值。因此，与新建投资相比，并购方式具有速度优势。当企业扩张时，并购通常是达到目标的最快捷方式。在经济全球化的今天，速度往往关系到企业的生存和发展。对于追求快速进入市场或者快速扩张的企业来说，并购往往是决策者的首选。

2. 企业的战略导向

以短期投资作为发展战略的企业，并购方式可以为其提供快速进入和退出市场的可能。然而，以防御性模式理论为指导的战略模式的企业，由于要保持自身在某一领域的竞争优势并规避风险，往往采用新建投资来完成扩张，且要尽量避免企业过快发展导致的高风险。

3. 主营业务多元化程度

投资企业为了稳定追求地域区别与产品区别的多样化，更多地采用并购作为投资方式，其目的之一就在于实现产品的多样化。具有广泛子公司网络的、可提供多种产品的企业，更加倾向于选择并购作为投资方式。主营业务单一的企业，专注于某一领域，往往在该领域积攒了大量的经验和资源，企业形成了专业化的能力，新建投资更有利于其能力的发挥。

4. 企业文化

企业文化是企业制度、行为和物质等外在表现的内核。虽然企业文化是无形的，但它是驱动企业的活力并由企业活动所反映。企业文化是企业在运营中长期积累形成的，一旦形成就难以改变，而且难以复制和难以转移。当一个企业并购另一个企业时，由于两个企业之间存在文化差异，进行整合是十分困难的。这些文化差异既可能是不同国家或地域产生的，也可能是不同行业产生的。从企业文化角度来讲，企业的文化特质越强，越适合采用新建投资的方式。由此，企业可以将企业的特有文化注入新的主体中，使之与投资方保持高度一致。企业文化越具有包容力，特质就越不鲜明，越可能实现多元化，也就越倾向于选择并购投资的方式，而不是新建投资。

5. 企业并购经验

企业如果曾进行过数量相对较多的并购决策，以后的决策也往往会倾向于采用并购来发展企业，从而形成自己的企业组织惯例。企业组织惯例一旦形成，如果没有较强的外界影响，是很难改变的。因此，企业在不断并购过程中，可以积累相应的经验，吸取失败教训，从而为以后的并购决策提供有力支持。

6. 企业管理水平

企业中广泛存在着非配置型低效率现象，优势企业与劣势企业在管理效率上的差异成为企业并购的重要内在动因。由于组成企业的管理层不同，每个企业的管理效率也是不同的。管理层的构成是影响冒险行为的重要因素，高层管理者理论指出了决策者特征、战略选择与业绩之间的关系。高层管理者的构成及知识结构，反映了其对所从事的经营业务领域竞争规律和发展规律的认识能力和管理企业的驾驭能力。管理层的个人特征和历史背景、决策偏好直接对决策行为产生影响，并最终影响企业某一特定发展阶段的经营业绩。决策者性格和偏好的不同，导致其决策的风险程度不同。根据风险决策理论的研究成果，高风险决策可能带来高额的回报或更大的损失。因此，管理层对于投资方式的偏好也可能影响企业最终决策的形成。

第五章　信息化背景下企业营运资金管理

第一节　营运资金概述

一、营运资金的含义及重要性

（一）营运资金的含义

营运资金又称营运资本，有广义和狭义之分。广义的营运资本就是企业流动资产总额，指流动资产占用的资金，又叫毛运营资本，具体包括应收账款、存货、其他应收款、应付票据、预收票据、预提费用、其他应付款等占用的资金。狭义的营运资本是指企业流动资产减去流动负债后的净额，是企业在短期内可以运用的流动性资源的净额（不包含现金及现金等价物以及短期借款）。通常，我们所说的营运资本就是净营运资本。

营运资金计算公式为：

营运资金 = 流动资产 − 流动负债 =（总资产 − 非流动资产）−（总资产 − 所有者权益 − 长期负债）=（所有者权益 + 非流动负债）− 非流动资产 = 长期资本 − 长期资产

其中，流动资产是指可以在一年内或超过一年的一个营业周期内变现或运用的资产。流动资产具有占用时间短、周转快、易变现等特点。企业拥有较多的流动资产，可在一定程度上降低财务风险。流动资产在资产负债表上主要包括货币资金、短期投资、应收票据、应收账款、预付费用和存货。财务管理中，为了进行流动资产和流动负债的匹配管理，通常将流动资产分为永久性流动资产和临时性流动资产。永久性流动资产是指满足企业长期最低需要的流动资产；临时性流动资产是随季节性需要而变化的流动资产。

流动负债是指需在一年或者超过一年的一个营业周期内偿还的债务。流动负债又称短期融资，具有成本低、偿还期短的特点。流动负债必须认真进行管理，否则，将使企业承受较大的风险。流动负债主要包括短期借款、应付票据、应付账款、预收账款等。从财务管理层次角度而言，流动负债分为自然性融资和协议性融资两类。其中，应付票据、应付账款、预收账款属于自然性融资范畴，它们都是在企业日常活动中产生的；短期借款和短期债券则属于协议性融资范畴，因为它们都将签订正式融资协议，存在一定融资成本。

营运资金的多少可以反映企业偿还短期债务的能力。但是，营运资金是流动资产与流动负债之差，是绝对数，如果企业之间规模相差很大，绝对数相比的意义就很有限。而流动比率是流动资产和流动负债的比值，是相对数，排除了企业规模不同的影响，更适合企业之间以及本企业不同历史时期的比较。

（二）营运资金的重要性

营运资金管理的核心内容就是对资金运用和资金筹措的管理。企业维持正常运转，必须拥有适量的营运资金。营运资金可以用来衡量公司或企业的短期偿债能力，其金额越大，代表该公司或企业对于支付义务的准备越充足，短期偿债能力越好。当营运资金出现负数，也就是企业的流动资产小于流动负债时，这家企业的营运可能随时会因资金周转不灵而中断。企业的营运资金到底多少才算足够，才称得上具备良好的偿债能力，这是决策的关键。可见，营运资本管理在企业财务管理活动中具有举足轻重的作用。

第一，流动性资产占总资产的比重应适度。如果企业流动性资产比重较高，就容易造成企业投资回报率偏低，而流动性资产比重较低则有可能使企业出现财务危机，甚至使企业破产。

第二，流动性负债是企业外部融资的重要条件。企业总会有资金需求，然而如何取得筹资成本低廉、便利的流动负债来为企业进行融资，则是企业需要考虑的关键问题。

第三，流动资产和流动负债的匹配是企业营运资本管理的重要组成部分。流动资产和流动负债的比例是衡量企业偿债能力、营运能力等的重要指标。

二、营运资金的特点

营运资金的特点体现在流动资产和流动负债的特点上。

（一）流动资产的特点

流动资产投资，又称经营性投资。与非流动资产投资相比，它具有如下特点：

1. 投资回收期短

投资于流动资产的资金一般在一年或一个营业周期内收回或耗费，对企业影响的时间比较短。

2. 流动性强

流动资产比非流动资产较易变现，如果企业遇到意外情况，可迅速变卖流动资产以获取现金。

3. 具有并存性

企业在生产循环周转过程中，资金的形态不断转换，即货币资金—实物资产—货币资金。从供产销的某一瞬间来看，各种不同形态的流动资产在空间上同时并存，在时间上依次相互转化。因此，合理地配置流动资产各项目的比例，是保证流动资产得以顺利周转的必要条件。

4.具有波动性

流动资产易受企业内外部环境的影响，资金占用会随着供产销的变化时高时低，影响企业正常的生产经营活动。季节性企业是如此，非季节性企业亦是如此。因此，企业资金占用量即营运资金的波动往往很大，财务管理人员应能有效地预测和控制这种波动，以免影响企业正常的生产经营活动。

（二）流动负债的特点

短期负债筹资与长期负债筹资相比，具有如下特点：

1.融资速度快

长期借款的借贷时间长，贷方风险大，贷款人需要对企业财务状况进行评估后方能做出决定。短期借款往往比长期借款更容易申请，通常在较短时间内便可获得。因此，当企业急需资金时，往往首选短期借款。

2.财务弹性大

与长期债务相比，短期借款给债务人以更大的灵活性。长期债务债权人为了保护自己的利益，往往要在债务契约中对债务人的行为加以种种限制，使债务人丧失某些经营决策权。而短期借款契约中的限制条款比较少，企业拥有更大的行动自由。对于季节性企业，短期借款比长期借款更具灵活性。

3.筹资成本低

在正常情况下，相同的贷款时间内，短期贷款所发生的利息支出低于长期贷款。而对于某些具有"自然筹资"性质的流动负债（如应付账款、应交税费等），则根本没有筹资成本。

4.偿债风险大

尽管短期债务的成本低于长期债务，但其风险高于长期债务，主要表现在两个方面：一是长期债务的利息相对比较稳定，即在相当长一段时间内保持不变；而短期债务的借款利率会随着市场利率的变化而变化，时高时低，使企业难以预测。二是如果企业过多筹措短期债务，当债务到期时，企业如果不能在短期内筹措大量资金还债，就极易导致企业财务状况恶化，甚至会因无法及时还债而破产。

三、营运资金分类

（一）按照构成要素分类

按照构成要素分类，营运资金可分为流动资产和流动负债。一般来说，人们按照资产与负债的流动性或周转性对企业资金进行分类，即资金周转时间在一年以内的为流动资产，负债在一年以内的为流动负债。流动资产与流动负债之差，即为净营运资金。按此分类方法，营运资金重点关注现金与有价证券的管理、应收账款的管理、存货的管理、应付账款的管理等内容。其中，现金与有价证券的管理集中在其持有量的研究上，如对成本分析模式、存货分析模式、随机模式、周转期模式等的研究；应收账款管理的研究，主要集中在其信用政策与收账政策的确定以及对应收账款周转期、周转率的计算等方面；存货管理的研究，主要集中在最佳经济批量的确定，以及存货周转期与周转率的计算等方面；应付账款管理的研究，主要集中在付款方式的选择、是否放弃现金折扣等方面。

这种分类方法为营运资金提供了比较细致的分类，有助于营运资金的深化研究。然而，这种分类方法也有缺点。首先，这种分类方法把具有内在紧密联系的营运资金各部分割裂开来，分别去研究它们的最优解。事实上，局部最优并不代表整体最优。其次，这种分类方法的重点集中在货币资金、应收账款、应付账款上面，放弃了如其他应收账款、应交税费、应付职工薪酬等。某些时候，放弃的部分可能恰好是对企业有关键影响的部分。

（二）按照时间变动分类

流动资产，按照时间变动可以分为临时性流动资产和永久性流动资产。临时性流动资产是指那些受季节性、周期性影响的流动资产，比如促销季节的存货、应收账款等。永久性流动资产则是指那些即使企业处于经营低谷也仍然需要保留的，用于满足企业长期稳定发展需要的流动资产。同时，流动性负债也可以分为临时性流动负债和自发性流动负债。临时性流动负债指为了满足临时性流动资金需要所发生的负债，如文具企业在每年新学期前为满足学生购买需要，超量购入货物而举借的债务。自发性负债是指直接产生于企业持续经营中的负债，如商业信用筹资和日常运营中产生的其他应付款，以及应付职工薪酬、应付利息、应付税费等。

上述分类方法，主要研究如何确定营运资金持有量和如何筹资营运资金两个方面的问题。这种分类方法单纯地将营运资金分为临时性营运资金和永久性营运资金，没有考虑各部分营运资金的相互联系。

（三）按供应链分类

从使用角度来看，企业营运资金可以分为经营活动营运资金和经营活动以外的资金。经营活动营运资金，包括应收账款、应收票据、存货预付账款、其他应收账款、应付账款、应付票据、预收账款、应付职工薪酬、应交税费等。这部分营运资金以追求周转效率，提高盈利能力为目标。经营活动以外的资金，包括货币现金、交易性金融资产、短期借款、交易性金融负债、应收利息、应收股利等。这类营运资金与经营性活动并无直接关系，或者已经无法区分它们是经营性活动、筹资性活动还是投资性活动产生的结果。

四、营运资金管理原则

一般而言，营运资金管理需遵循以下原则：

（一）合理性原则

企业经营所需营运资金的数量与企业的生产经营状况密切相关。当企业生产经营扩张时，流动资产和流动负债的占用水平都会增加；当企业生产经营萎缩时，流动资产和流动负债的占用水平也会下降。另外，外部环境发生变化，企业营运资金的占用水平也会相应变化。因此，企业财务人员应认真分析企业的生产经营状况和客观条件，采用一定的方法预测企业营运资金的需求数量，以便合理地使用营运资金。

（二）效益性原则

与长期资金相比，短期资金盈利能力较低，有些短期资金（如库存现金）甚至根本不产生投资收益。在保证生产经营需要的前提下，加速营运资金的周转可以提高资金的利用效率。因此，企业要千方百计地加速存货、应收账款等流动资产的周转，如加快生产和销售的速度、加速应收账款的回收，以减少营运资金占用需要，提高资金使用效益。

（三）安全性原则

如果企业流动资产比较多、流动负债比较少，说明企业短期偿债能力较强；反之，则说明企业短期偿债能力较弱。因此，企业应合理安排流动资产与流动负债的比例关系，保证企业有足够的短期偿债能力。当然，如果企业流动资产太多、流动负债太少，也不是正常现象，这可能是因为流动资产闲置、流动负债利用不足所致。

（四）成本节约原则

一方面，企业要根据整体最优原则合理安排流动资产的配置、结构并制定科学的信用政策、经济订购批量等；另一方面，要合理确定短期资金的来源结构，根据企业资金收支状况、偿还能力等合理搭配不同来源的短期资金，以最大限度地降低营运资金成本。

第二节 企业营运资金管理内容

一、现金管理

（一）现金管理的定义

现金有狭义和广义之分，狭义现金是指企业的库存现金，广义现金是指货币形态表现的资金，包括库存现金、银行存款和其他货币资金。这里所讲的现金是指广义的现金。

现金是流动资产中流动性最强的资产。拥有较多的现金，企业就具有较强的偿债能力和抗风险能力。但现金的收益性较弱，即使是银行存款，其利率也是很低的，因此现金持有量不是越多越好。企业现金管理的目标是在现金的流动性和收益性之间进行权衡，在确保必要的资产流动性的同时，降低现金持有量，提高现金的使用效率。

现金管理内容包括以账户和供应链融资为核心的收付款交易管理，以现金资源共享和集中化控制为核心的流动性管理，以创造现金流价值为核心的投融资管理，以及以保障企业营运资金安全为核心的风险管理。其具体包括账户管理、收付款管理、流动性管理、投融资管理、资金风险管理等内容。

（二）现金管理的内容

1. 账户管理

企业集团在经营管理实践中，一方面，随着规模的不断扩大，控股关系及资金往来关系也日趋复杂，各成员单位往往依据不同的收付需要在商业银行开设大量账户，造成资金分散和闲置；另一方面，企业集团不同的成员单位又存在大量的银行贷款需要偿还，因而形成了"存贷双高"的现象。因此，企业集团需要行之有效的现金管理模式来进行现金管理。账户集中管理是实现企业集团资金集中管理的前提，可以有效地避免企业集团资金分散和闲置的现状。

具体来讲，账户管理是指企业集团依据自身对资金流向的需求，梳理其账户数量和账户类型，构建科学、合理的账户体系，明确账户属性和作用，确立账户之间的关系，实现账户信息流和资金流的同步传送，满足企业集团对其成员单位账户资金来源、使用以及余额的有效监控，为管理决策提供全面、准确的信息支持。

2. 收付款管理

我们始终强调，一个好的现金管理方案，首先是不能违背企业原有的收付习惯。企业通常在长期发展过程中已形成了合理的收付款习惯，包括付款方式、账期、清算渠道等。

现金管理始终是一种金融服务产品，应该主动贴合集团用户，制定个性化的服务方案，适应集团用户的收付款习惯。现实中，相对科学合理的收付款管理就是集团用户根据自身现金管理需要，要求金融机构制定适合的收付款方式，加快现金流转速度，降低在收付款环节的成本。

3. 流动性管理

保持合理的现金持有量是企业开展日常经营和生产活动的前提。现金持有量过多，会降低企业的资金收益；流动性不足，则无法进行原材料的采购和到期货款的支付等活动，甚至导致企业无法正常经营。流动性管理直接关系到企业资金的使用效率和资金成本。良好的流动性管理有利于企业实现资金集中管理，加强企业内部资金融通，保证企业安全运营，为企业开展正常生产经营活动、抓住市场机遇提供资金保证。市场机遇瞬息万变，持有适量的现金才能保证企业及时抓住机遇，以有利的条件进行采购或者及时开拓新的业务领域。同时，良好的流动性管理也是提高企业盈利能力的需要。

物理现金池是指各成员单位账户资金按照既定的条件归集至企业集团指定核心账户，实现企业集团对成员单位资金的集中管理，如果成员单位发生资金余缺，则由核心账户下拨资金满足各成员单位使用。

在物理现金池模式下，现金管理以集团账户资金的物理转移为基础，现金池参与企业放弃自己对资金的所有权和支配权，其银行账户余额受到影响。集团总部主账户对参与单位资金集中调控和使用，但需要承担由于资金不断真实转移产生的税务、人工等额外成本（包括财务中转账交易费用和人工记账成本）。

4. 投融资管理

当解决了资金的最优配置问题之后，企业需要重点考虑资金的增值问题。因此，投融资管理也是现金管理的重要组成部分。投融资管理是指企业集团通过现金管理的合理方案，持续保持合理的现金规模，在资金充裕时进行合理投资，提高现金收益；在资金不足时进行有效融资，及时补充现金头寸，避免流动性风险。现金管理中的投融资管理一般包括投融资分析、投融资计划、短期投资、中长期资产管理、融资等内容。

5. 风险管理

企业需要在资金充裕时进行合理投资，提高资金收益；在资金不足时有效地进行融资，及时补充现金头寸，规避流动性风险，从而在风起云涌的市场上更充分、有效地利用资金。但是，企业在获得投融资收益时，也将面临诸多风险，这也是整体方案的重要部分。一般来说，资金管理风险主要指汇率风险和利率风险。

二、应收账款管理

应收账款管理是当前企业资产管理的重要组成部分。应收账款是指企业因销售商品、材料、提供劳务等，应向购货单位或接受劳务的客户收取的款项以及代垫的运杂费。

（一）应收账款管理的目标与内容

1. 应收账款管理的目标

随着社会主义市场经济体制的建立与完善，企业与企业之间相互提供商业信用已经越来越普遍了，因此企业应收账款也越来越多，对应收账款进行管理已经成为企业流动资产管理的重要组成部分。

企业提供商业信用，采取赊销方式，会使企业应收账款的数额大量增加，回收时间延长，甚至会使企业遭受不能收回应收账款的损失。但赊销又可以扩大销售，增加企业的市场占有率和盈利额。因此，应收账款管理的目标是充分发挥应收账款功能，权衡应收账款投资所产生的收益、成本和风险，做出有利于企业的应收账款决策。

2. 应收账款管理的内容

为了充分发挥应收账款的作用，必须加强应收账款的管理，其核心是建立应收账款管理制度，制定适当的信用政策。制定信用政策时，一方面要有利于扩大销售；另一方面要考虑降低应收账款占用的资金，缩短应收账款的回收期，防止发生坏账损失。具体来说，应收账款管理内容主要包括：①建立客户信用风险评估制度，制定合理的应收账款信用政策。信用政策的制定必须符合企业目前的发展状况和市场情况。②进行应收账款的投资决策。应收账款的投资决策主要是在已经制定的应收账款信用政策的基础上，对具体的应收账款投资行为（如向某一特定客户是否提供商业信用）进行决策。③做好应收账款的日常管理工作，建立减少坏账损失的评估决策制度。

（二）应收账款的成本

企业持有应收账款，也要付出一定的代价，会增加相关的成本。应收账款的成本有以下几类：

1. 机会成本

应收账款机会成本是指企业资金因被客户占用，不能用于投资而失去的收益。这一成本的大小通常与企业维持赊销业务所需要的资金数量、资本成本有关。其计算公式为：

应收账款的机会成本 = 维持赊销业务所需资金 × 资本成本

其中，资本成本一般可按有价证券收益率计算。维持赊销业务所需资金可按下列步骤计算：

（1）计算应收账款周转率

应收账款周转率 = 日历天数（360）÷ 应收账款周期

（2）计算应收账款平均余额

应收账款平均余额 = 赊销收入净额 ÷ 应收账款周转率

（3）计算维持赊销业务所需资金

维持赊销业务所需资金 = 应收账款平均余额 × 变动成本 ÷ 销售收入

= 应收账款平均余额 × 变动成本率

= 赊销收入净额 × 变动成本率 ÷ 应收账款周转率

可见，随着赊销业务的扩大，赊销收入增加，维持赊销业务所需资金就越多；而应收账款周转率越高，维持赊销业务所需资金就越少。所以，提高应收账款周转率是减少应收账款机会成本的有效方法。

2. 管理成本

应收账款管理成本是指企业对应收账款进行管理而耗费的开支，是应收账款成本的重要组成部分。应收账款管理成本主要包括：对顾客信用情况调查费用、收集信息费用、催收账款费用、账簿记录费用等。

3. 坏账成本

坏账成本是指由于某种原因导致应收账款不能收回而给企业造成的损失。坏账成本的大小与应收账款的数量成正比例关系，而且与企业信用政策密切关系。所以，防止坏账的发生是企业制定信用标准时需要考虑的一项十分重要的工作。

（三）应收账款的功能

应收账款的功能是指它在生产经营中的作用，主要有以下两个方面的功能：

1. 促进销售的功能

企业销售产品可以采取现销和赊销两种方式，现销对企业有利，赊销则会产生应收账款。但在激烈的市场竞争中，赊销往往是企业经常采用的促销手段，它可以扩大产品销售，特别是在企业销售新产品、开拓新市场时，赊销就更加具有重要意义。这是因为购货方一方面可以在不付款的情况下得到自己需要的商品，降低了商品质量、性能等方面存在问题的风险；另一方面，购货可以在一定时期内减少自己的资金占用。

2. 减少存货的功能

应收账款和存货同属于流动资产，但是应收账款的流动性远远高于存货。当企业产成品较多时，可以采用赊销手段尽快将存货转为应收账款，这样不但可以减少企业持有存货所发生的一系列费用，比如仓储费、管理费、保险费等，同时也可以避免有些产品因为长期储存而造成的变质、损毁或变形。

（四）应收账款管理的重要性

应收账款作为企业流动资产之一，对企业财务管理尤为重要，但其同样是一种风险大的资产。建立健全应收账款管理体制，加快应收账款回收，对于防范其导致的财务风险，保障企业经济效益尤为重要。

1. 加速应收账款的回收

企业之间的经济往来，不可避免地会产生应收账款，如果相当部分应收账款不能如期收回，即大量坏账产生，日积月累便会成为企业沉重的负担。企业财务部门通过应收账款管理，能够及时核对应收账款收回期限，适当进行催收；通过市场调查，及时发现应付企业的财务困难，并能够制定一定优惠策略，加快应收账款的回收，减少企业坏账风险。

2. 提高资金的利用率

资金是企业的血液，现金流量管理水平往往决定着企业的存亡。完善的应收账款管理体制，能够保障企业应收账款及时收回，同时，还能使企业现金流量稳健流转，提高企业内部资金周转率，扩大企业盈利能力。

3. 提高产品市场竞争力

应收账款是在一定的竞争环境下产生的，企业要想变被动为主动，减少应收账款，就需要从根源上提高商品质量，在同类产品中具有一定的竞争力，从而可以有目的地选择客户，让应收账款占有率下降，从本质上解决应收账款带来的麻烦。

（五）信用政策的制定

信用政策，又称应收账款政策，在企业中可以体现为客户信用风险评估制度，是企业财务政策的重要组成部分。制定合理的信用政策是加强应收账款管理、提高应收账款周转率的重要前提。信用政策是企业对应收账款进行规划与管理而制定的基本原则和行为规范，一般由信用标准、信用条件和收账政策三部分组成。

1. 信用标准

信用标准是企业同意向客户提供商业信用而要求对方必须具备的最低条件，一般以坏账损失率表示。企业信用标准越高，坏账损失就越少，同时，应收账款的机会成本和管理成本也就越少。但是，过高的信用标准不利于企业扩大销售，可能影响企业产品的市场竞争能力；反之，如果信用标准过低，虽然有利于企业扩大销售、提高产品的市场竞争力和占有率，但也会相应增加地应收账款的机会成本、管理成本和坏账成本。

（1）信用标准的定性分析

企业在制定信用标准时，首先应进行定性分析，在分析中主要考虑以下三个方面的因素：其一，同行业竞争对手的情况。如果竞争对手实力很强，企业就应考虑是否可以采取较低的信用标准，增强客户吸引力；反之，则可以考虑制定较严格的信用标准。其二，企业承担违约风险的能力。当企业具有较强的违约风险承担能力时，就可以考虑采用较低的信用标准，以提高企业产品的竞争能力；反之，如果企业承担违约风险的能力较弱时，就应制定较严格的信用标准，谨防坏账的发生。其三，客户的资信程度。企业应在针对客户资信程度进行调查、分析的基础上，判断客户的信用状况，并决定是否给该客户提供商业信用。客户的信用状况通常可从以下五个方面来评价，简称"5C"评价法。这五个方面分别如下：

①品质：

品质是指客户履约或违约的可能性。客户是否愿意按期支付货款，与该客户在以往的交易过程中所表现出来的品质有很大的关系，因此，品质是信用评价体系的首要因素。

②能力：

能力是指客户支付货款的能力。客户支付货款的能力取决于其资产特别是流动资产的数量、质量、流动比率、现金持有水平等因素。一般来说，企业流动资产数量越多，质量越好，流动比率越高，持有现金越多，其支付货款的能力就越强；反之，就越弱。

③资本：

资本是指客户的经济实力和财务状况。该指标主要是根据有关的财务比率来测定客户净资产的大小及其获利的可能性。

④抵押品：

抵押品是指客户拒付或无力支付款项时能被用作抵押的资产。当对客户信用状况有怀疑时，如果客户能够提供足够的抵押品，就可以向其提供商业信用。这不仅对顺利收回货款比较有利，而且一旦客户违约，也可以变卖抵押品，挽回经济损失。

⑤经济状况：

经济状况是指可能影响客户付款能力的经济环境，包括一般经济发展趋势和某些地区的特殊发展情况。当发现客户的经济状况向不利方向发展时，向其提供商业信用就应十分谨慎。

上述各种信息资料可通过下列渠道获得：①商业代理机构或资信调查机构所提供的客户信息资料及信用等级标准资料；②委托往来银行信用部门向与客户有关联业务的银行索取信用资料；③与同一客户有信用关系的其他企业相互交换该客户的信用资料；④客户的财务报告资料；⑤企业自己总结的经验，以及其他可取得的资料。

（2）信用标准的定量分析

信用标准的定量分析主要是解决两个问题：一是制定信用标准，即确定坏账损失率，以作为给予或拒绝向客户提供商业信用的依据；二是具体确定客户的信用等级。

信用标准的制定主要是比较不同方案的销售收入和相关成本，最后比较不同方案的净收益。但是在具体实行信用标准时，首先必须对客户的信用等级进行评定，同时确定向其提供商业信用时可能导致的坏账损失率。确定客户信用等级的具体步骤如下：

第一，设定信用等级的评价标准，即根据对客户信用资料的调查分析，选取一组具有代表性的、能够说明其付款能力和财务状况的若干比率，作为信用风险评价指标，并给出不同信用状况的指标标准值及对应的拒付风险系数。通常情况下，可选用的评价指标有：流动比率、速动比率、现金比率、产权比率、已获利息倍数、应收账款周转率、存货周转率、总资产报酬率、赊销付款履约情况等。

第二，根据特定客户的财务数据，计算出以上选定指标的指标值，并与本企业制定的标准值相比较，然后确定各指标相对应的拒付风险系数（或称坏账损失率），最后计算总的拒付风险系数。总的拒付风险系数可以反映向客户提供商业信用时可能发生的坏账损失率。

第三，根据上面计算的该客户拒付风险系数，确定其信用等级，并将它与制定的信用标准（坏账损失率）进行比较，以确定是否向给该客户提供商业信用。

对信用标准进行定量分析，有利于企业提高应收账款投资决策的效果。但由于实际工作中的具体情况十分复杂，不同企业的同一指标往往存在着很大的差异，难以按照统一的标准进行衡量。因此，企业财务管理者必须在深入考察各指标内在质量的基础上，结合以往的经验，对各项指标进行具体分析、判断，而不能机械照搬。

2. 信用条件

（1）信用条件的构成

信用条件是指企业向对方提供商业信用时要求其支付赊销款项的条件，具体内容由信用期限、折扣期限和现金折扣三部分构成。信用条件的一般形式如"2/10，n/30"，表示若客户在10天内付款，可以享受2%的现金折扣；即使客户不享受现金折扣，也必须在30天内付款。这就是说，上述信用条件的信用期限为30天，折扣期限为10天，现金折扣率为2%，信用条件是否优惠对企业产品销售具有很大影响。

信用期限是企业允许客户从购货到付清货款的最长时间。一般来说，信用期限越长，对客户的吸引力就会越大，因而可以在一定程度上扩大产品销售量。应该注意，过长的信用期限可能给企业带来以下问题：一是会使应收账款的平均收账期限延长，占用在应收账款上的资金也就会增加，进而使企业应收账款资金占用的机会成本增加。二是会增加企业的坏账损失和收账费用，因为赊销时间越长，发生坏账的可能性就越大，收回账款的费用也会相应增加。因此，企业在做信用期限决策时，应该根据延长信用期限增加的边际收入是否大于增加的边际成本而定。

为了缩短客户实际付款时间，加速资金周转，同时减少坏账损失，企业常常给客户提供一个折扣期限。客户若在折扣期限内付款，则企业可以按销售收入的一定比率给予其现金折扣。现金折扣实际上是产品售价的扣减，企业提供怎样的折扣期限和现金折扣，应该根据提供现金折扣后所得的收益是否大于现金折扣的成本而定。除上述信用条件外，企业还可以采取阶段性的现金折扣期与不同的现金折扣率。

（2）信用条件的选择

信用条件的选择与信用标准的选择相似，即比较不同信用条件的销售收入及相关成本，最后计算出各自的净收益，并选择净收益最大的信用条件。

3. 收账政策

收账政策，也称催收政策，是指当应收账款超过规定信用期限仍未收回时，企业采取相关催收账款的策略。如果采取积极的收账政策，就会减少坏账损失的发生，也会降低机会成本，但是会增加收账成本，并且可能使企业与客户的关系受到影响。消极的收账政策虽然可以减少收账费用，但会增加机会成本和坏账成本。无论采用什么收账政策，都应权衡得失，不能以1万元的代价去收回低于1万元的欠款。

当企业账款被拖欠或拒付时，首先应该分析原因。如果是企业的信用标准及信用审批制度存在问题，则应立即加以改进，防止此类情况的再次发生；如果是信息收集有误或对方最近信息收集不全而导致关于对方的信用等级评定有问题，则应重新收集最新信息并重新评定其信用等级；对于偶然的拖欠，可以先通过信函、电话、传真或派人员前往等方式进行催收，力争能使问题得到妥善解决，当然有时也需要做出必要的让步。如果双方经过多次协商仍然无法达成协议，最后可以考虑通过法律途径解决问题。

无论采取何种方式催收账款，都需要付出一定的代价，即收账费用。一般而言，收账费用支出越多，坏账损失越少，但它们之间并不一定存在线性关系。企业在制定收账政策时，应权衡增加收账费用与减少应收账款机会成本和坏账损失之间的得失。

（六）应收账款的日常管理

对于大多数企业来说，存在应收账款是十分正常的事，而且有些企业应收账款的总额还比较大。应收账款是企业对外提供商业信用的结果，其中往往蕴含着巨大的风险，因此，企业对应收账款必须加强日常管理，采取有力的措施进行分析、控制，及时发现问题、解决问题。这些措施主要包括应收账款的追踪分析、账龄分析、收现保证率分析，以及根据有关会计法规建立应收账款坏账准备金制度。

1. 应收账款追踪分析

一般来说，企业向客户赊销产品，客户能否按期偿还货款，主要取决于以下三个因素：①客户的信用品质；②客户的财务状况；③客户是否可以实现该产品的价值转换或增值。其中，客户信用品质和财务状况是企业在赊销之前就必须分析的问题，但是在赊销之后，仍然应进行追踪分析，因为这两个因素是有可能随时发生变化的。当发现客户的这两个因素存在发生变化的可能性时，企业应果断地采取措施，尽快地收回应收账款，哪怕是暂时收回部分应收账款，并且应该对客户的信用记录进行相应调整。第三个因素对客户能否及时支付应收账款也具有重大影响。如果客户可以实现该产品的价值转换，尤其是可以实现该产品的价值增值，那么客户就会愿意及时付款。一方面是他此时有付款的能力；另一方面是他希望建立良好的信誉，为以后的交易打下基础。从这个意义上说，应收账款问题并不仅仅是交易双方的问题，常常会涉及第三方。在商品流通过程中，一个环节出了问题，将可能导致一系列的信用危机。

当然，企业不可能也没有必要对全部应收账款进行追踪分析。企业应该将主要精力集中在那些交易金额大、交易次数频繁或信用品质有疑问的客户身上。

2. 应收账款账龄分析

在赊销量大的情况下，企业持有应收账款的时间长短不一。为了掌握应收账款的回收及拖欠情况，企业应定期编制应收账款账龄分析表，在账龄分析表中列示账龄结构，即不同账龄的应收账款余额占应收账款总额的百分比。它可以帮助企业全面了解应收账款的分布情况，并制定相应的收账政策。

一般来说，应收账款拖欠时间越长，催收的难度就越大，成为坏账的可能性也就越高。所以，将应收账款按账龄分类，尤其是按拖欠时间分类，密切关注应收账款的回收情况，是加强应收账款日常管理的重要环节。

企业应收账款的账龄结构确定以后，如果发现逾期应收账款比重较大，首先，应分析产生这种情况的原因，如果属于企业信用政策的问题，应立即进行调整；其次，应具体分析拖欠客户的情况，搞清这些客户发生拖欠的原因，拖欠的时间有多长，拖欠的金额有多少；最后，针对不同的情况采取不同的收账方法，制定经济可行的收账方案。同时，对尚未过期的应收账款，也不应放松管理，应进行账龄分析，防止发生新的逾期拖欠账款。

3. 应收账款收现保证率分析

应收账款收现保证率是指在一定会计期间内必须收现的应收账款占全部应收账款（R）的比重。所谓必须收现的应收账款，是指在一定会计期间内，为了保证企业正常现金流转，特别是满足具有刚性约束的纳税及偿付不能展期的到期债务的需要，而必须通过应收账款收现来补充的现金。其数值等于当期必要现金支付总额（CB）与当期其他稳定可靠的现金流入总额（CW）之间的差额。

必须收现的应收账款 =CB–CW

应收账款收现保证率 =（CB–CW）÷R

其中，当期其他稳定可靠的现金流入总额是指从应收账款收现以外可以取得的其他稳定可靠的现金流入数额，主要包括短期有价证券变现净额、可随时取得的银行贷款等。

企业当期现金支付需要量与当期应收账款之间存在着密切关系，企业应收账款的回收是企业现金的主要来源，如果企业一定时期内应收账款的实际收现率低于其保证率，企业就可能出现现金短缺。因此，企业应定期计算应收账款实际收现率，看其是否达到既定的控制标准。

三、存货管理

存货是指企业在生产经营过程中为了生产或销售而储备的物资。具体而言，为生产而储备的存货主要包括企业的库存原材料、辅助材料、包装物、低值易耗品等，为销售而储备的存货主要包括库存商品、产成品等。存货在流动资产中所占的比重较大。存货管理水平的高低，对企业生产经营具有直接影响，并且最终会影响企业的收益风险和流动性，因此，存货管理在整个流动资产管理中具有重要的地位。

（一）企业存货的重要性

1.保证生产经营活动的正常进行

存货是指企业在日常生产经营过程中为销售或消费而预留的材料，包括材料、中间产品、半成品、成品、合作零件、库存品等。库存流动也是企业生产经营的过程。为了保证生产经营的连续性，企业必须有计划地采购、消费和销售存货。

2.影响企业的运作效率

存货是企业一项重要的流动资产，占用大量资金。一般来说，存货约占企业资产总额的30%。而存货是流动性最差的流动性资产，如何对其进行管理和利用将直接关系到资金占用水平和资产运营效率。

3.为企业带来利润

现今社会市场竞争激烈，各企业大打降价牌，企业不能依靠提高售价来提高利润，成本就成为影响企业发展的一个重要因素。大多数企业在发展过程中采用成本领先战略，想方设法地在采购、储存、生产、销售各环节节约成本，这就需要企业对存货进行严格管理。这在高科技行业中最为常见，产品售价不断降低，而企业利润年年增长，呈现出良好的发展态势。

（二）企业存货管理的目标

存货管理包括采购成本管理、物流成本管理、存货内部管理、存货储存管理等。存货是企业重要的流动资产，既要保证生产顺利进行，又要保证尽可能少占资金。存货的多少取决于采购，存货不足会使生产无法正常进行，而存货过多会占用企业较多的流动资金，使企业付出更大的持有成本，而且存货的储存与管理费用也会增加，加大了企业成本，减少了企业利润。因此，如何在存货的收益与成本之间进行利弊权衡，在充分发挥存货功能的同时降低成本、增加收益，实现它们的最佳组合，成为存货管理的基本目标。

（三）存货日常管理的方法

存货日常管理的目标是在保证企业生产经营正常进行的前提下尽量减少库存，防止积压。实践中形成的行之有效的管理方法有：存货储存期控制、存货归口分级控制、存货 ABC 分类管理等。

1. 存货储存期控制

无论商品流通企业还是生产制造企业，产品一旦入库，便面临着如何尽快销售出去的问题。即使不考虑未来市场供求关系的不确定性，仅是存货储存本身就要求企业付出一定的资金占用费（如利息成本或机会成本）和仓储管理费。因此，尽力缩短存货储存时间，加速存货周转，是节约资金占用、降低成本费用、提高企业获利水平的重要保证。

企业进行存货投资所发生的费用支出，可以分为固定储存费与变动储存费两类。前者包括进货费用、管理费用，其金额多少与存货储存期的长短没有直接关系；后者包括存货资金占用费（贷款购置存货的利息或现金购置存货的机会成本）、存货仓储管理费、仓储损耗（为计算方便，如果仓储损耗较小，可将其并入固定储存费）等，其金额随存货期的变动呈正比例变动。

基于上述分析，可以将本量利的平衡关系式调整为：

利润 = 毛利 – 固定储存费 – 销售税金及附加 – 每日变动储存费 × 储存天数

可见，存货的储存成本之所以会不断增加，是因为变动储存费随着存货储存期的延长而不断增加，所以，利润与费用之间此增彼减的关系实际上是利润与变动储存费之间此增彼减的关系。这样，随着存货储存期的延长，利润将日渐减少。当毛利扣除固定储存费和销售税金及附加后的差额，被变动储存费抵销到恰好等于企业目标利润时，表明存货已经到了保利期。当它完全被变动储存费抵销时，便意味着存货已经到了保本期。无疑，存货如果能够在保利期内售出，所获得的利润便会超过目标值；反之，企业将难以实现既定的利润目标，倘若存货不能在保本期内售出的话，企业便会蒙受损失。

2. 存货归口分级控制

存货归口分级控制是一种加强存货日常管理的重要方法。这一管理方法包括以下三项内容：

（1）在高层管理者的领导下，财务部门对存货资金实行统一管理

财务部门要加强存货资金的集中、统一管理，促进供产销相互协调，实现资金使用的综合平衡，加速资金周转。财务部门的统一管理主要包括以下几个方面的工作：第一，根据国家财务制度和企业具体情况制定企业资金管理制度。第二，认真测算各种资金占用数额，汇总编制存货资金计划。第三，将有关计划指标进行分解，落实到

有关单位和个人。第四，对各单位的资金运动情况进行检查和分析，统一考核资金的使用情况。

（2）实行资金归口管理

根据使用资金和管理资金相结合、物资管理和资金管理相结合的原则，每项资金由哪个部门使用就归哪个部门管理。各项资金归口管理的分工一般如下：材料、燃料、包装物等资金归供应部门管理；在产品和自制半成品占用的资金归生产部门管理；产成品资金归销售部门管理；工具用具占用的资金归工具部门管理；修理用备件占用的资金归设备动力部门管理。

（3）实行资金分级管理

各归口管理部门要根据具体情况将资金计划指标进行分解，分配给所属单位或个人，层层落实，实行分级管理。其具体分解过程如下：原材料资金计划指标可分配给供应计划、材料采购、仓库保管、整理准备等各业务组管理；在产品资金计划指标可分配给各车间、半成品库管理；成品资金计划可分配给销售、仓库保管、成品发运等各业务组管理。

3.ABC 库存分类控制法

ABC 库存分类控制法是意大利经济学家巴雷特（Barrett）在 19 世纪首创的，该方法已经广泛用于存货管理、成本管理和生产管理。大型企业经常有成千上万种存货。这些存货中，有的价格昂贵，有的不值一文；有的数量庞大，有的寥寥无几。如果不分主次，面面俱到，对每一种存货都进行周密的规划和严格的控制，就会抓不住重点，不能有效地控制主要的存货资金，甚至浪费人力、物力和财力。ABC 库存分类控制法正是针对这一问题而提出来的重点管理方法。这种方法把存货分成 A、B、C 三大类，目的是对存货资金进行有效管理。

（1）ABC 库存分类控制法的思想与原理

ABC 库存分类控制法，又称重点管理法。A 类存货是少数价值高的、非常重要的项目，这些存货品种少，而单位价值却较大，实务中，这类存货的品种数只占全部存货总品种数的 10% 左右，而从一定期间出库的金额来看，这类存货出库的金额要占到全部存货出库总金额的 70% 左右。C 类存货是为数众多的低值项目，其特点是，从品种数量来看，这类存货的品种数要占到全部存货总品种数的 70% 左右，而从一定期间出库的金额来看，这类存货出库的金额只占全部存货出库总金额的 10% 左右。B 类存货则介于这两者之间，从品种数和出库金额来看，它都只占全部存货总数的 20% 左右。

（2）ABC 库存分类控制法的操作程序

ABC 库存分类控制法的操作程序可分为以下几步：

第一，把各种库存物资全年平均耗用量分别乘以它的单价，计算出各种物资耗用总量和总金额。

第二，按照各品种物资耗费金额的大小进行重新排列，并分别计算出各种物资所占用总数量和总金额的比重，即百分比。

第三，把耗费金额适当分段，计算各段中各项物资领用数占总领用数的百分比，分段累计耗费金额占总金额的百分比，并根据一定标准将它们划分为 A、B、C 三类。

（3）ABC 库存分类控制方法

上述 A、B、C 三类存货中，由于各类存货的重要程度不同，一般可以采用下列控制方法：

第一，对 A 类存货的控制，要计算每个项目的经济订货量和订货点，尽可能适当增加订购次数，以减少存货积压，也就是减少其昂贵的存储费用和大量的资金占用。同时，还可以为该类存货分别设置永续盘存卡片，以加强日常控制。

第二，对 B 类存货的控制，也要事先为每个项目计算经济订货量和订货点，同时也可以分别设置永续盘存卡片来反映库存动态，但不必像 A 类那样严格要求，只要定期进行概括性的检查就可以，以节省存储和管理成本。

第三，对于 C 类存货的控制，由于它们为数众多，单价又低，存货成本也较低，可以适当增加每次订货数量，减少全年的订货次数。对这类物资的日常管理，一般可以采用一些较为简化的方法，常用的是双箱法。所谓双箱法，就是将某项库存物资分装两个货箱，第一箱的库存量是达到订货点的耗用量，当第一箱用完时，就意味着必须马上提出订货申请，以补充生产中已经领用和即将领用的部分。

第三节　企业营运资金管理措施

一、企业现金管理对策

（一）加强现金管理制约机制，建立符合法律规定的现金管理信息化系统

企业应完善顶层设计，构建科学高效的现金管理框架结构，进一步加强现金管理的制度化建设，加强制度设计的科学性、完整性和适应性，实现现金管理的流程化，让现金管理约束在制度之内,防患现金管理风险。具体来讲,企业要利用现代信息技术,借助互联网技术的发展,实现现金管理系统的现代化。要建立事前评估规划、事中控制、事后评估绩效的制度，实现现金管理全流程质量监控，实现现金管理水平不断提升以及现金流的持续健康发展。

（二）加强现金管理内控制度和风险管理

企业要进一步加强企业现金管理的内部控制体系建设和制度建设。实现全方位、多角度、有重点地建设风险管控点。要加强不相容岗位分离制度和执行检查。要加强申请审批科学设定，实现申请审批的科学高效运转。要加强现金管理的日清月结管理，不断关注现金管理的发展状态，建立偏离发展路线的措施备案制度。坚决杜绝小金库的出现，加强内部审计、经济审计、现金管理审计制度的建设，实现企业运作的透明化、民主化和科学化。

（三）加强教育，提高人员素质

竞争的本质是人才的竞争。没有多元化的优秀专才和通才，现金管理战略不过是一句空话。在信息化加全球化的今天，人才成为企业发展的重要战略资源。因此，加强人才队伍建设成为企业加快发展的关键环节。

加强现金管理人才队伍建设时，在选人用人上要宁缺毋滥，精益求精。要引进新鲜血液，提高队伍活力，不断加强培训，提高人才升级存量的知识结构和技术技能，实现人才知识结构转型升级。

（四）更新现金管理观念，结合全面预算管理，树立全员参与现金管理的意识

企业应该编制全面预算，各预算执行单位负责本单位预算的编制。企业行政部门应该合理确定办公费用的耗费水平以及工资、水电等日常开支费用，便于财务部门按月按计划安排资金。采购部门应该根据市场情况合理确定采购价格，降低企业采购成本。生产部门应该按照计划安排生产，提高生产效率，降低生产成本。销售部门应该合理确定产品价格，分析客户资信状况，根据客户情况选择适当的结算方式，争取早日收回货款，防止坏账的发生概率。另外，企业还要加强赊销管理，防止出现销售收入明显提高，而现金流却没有增加的情况。研发部门要依据销售数据和产品市场需求的变化，利用信息化手段分析企业产品处于研发期、成长期、成熟期还是衰退期，从而不断发掘企业新的利润增长点。

（五）提高企业管理现代化水平，完善内部控制制度

现金管理是企业管理现代化的一个重要方面。企业应该完善现代企业制度，合理设置组织架构，明确各层级的职责权限，为企业开展内部控制打下良好基础。就现金管理而言，企业要做到以下方面：①不相容职务相分离，业务办理与会计记录、会计记录与财产保管、业务办理与授权批准、业务办理与稽核检查要分离。②业务办理必须经过授权审批。审批权限有常规授权和特别授权两类。企业内控制度应明确各项业

务流程，涉及的每个人都应明确权责。③会计记录。根据经济业务据实做好分录，不得随意篡改。④财产保护。保障财产安全特别是资产安全是内部控制的重要目标之一。除了遵守现金管理制度的规定外，财务人员还应做到不得随意泄露和借用单位银行账号，不得向无关人员透露单位现金信息及资金流向。⑤分析运营情况。对企业日常业务和投融资情况进行分析，提高资金运营效率和投资效益。对所有部门资金使用和管理的效率、效果进行评价，以促进企业健康发展。

二、企业应收账款管理措施

（一）提高应收账款管理的重视程度

应收账款管理是企业全员性的管理工作，必须靠众人齐心协力完成。管理高层在企业的带头领导作用至关重要，必须深刻认识到应收账款管理的重要性及其对企业良性发展的重大影响。要实时掌握应收账款管理工作动态，设立专门的清欠小组，统一应收账款管理清欠目标，加强内部宣传，促使企业员工提高认识，杜绝懈怠情绪，强化各职能部门的沟通协作，保证收款工作的顺利开展。

（二）制定科学合理的信用政策

企业在进行赊销业务时，为了鼓励客户提前付款，会采用给予现金折扣的方式，提高现金周转率，特别是针对签订长期销售合同的客户，提供较长付款周期的优惠条件。另外，企业为了保持销售量稳定，维护长期客户关系，会为固定合作客户提供比较宽松的信用期限。但这样会增加应收账款总额，同时提高发生坏账损失的风险。因此，制定信用销售政策时，要对赊销条件进行成本效益分析，制定合理的信用条件，保证因延长信用期限而获得的收益超过现金折扣的成本，并且不影响企业经营活动需要的现金流量。

企业要强化风险防范意识。对账龄长、数额大的应收账款，企业可以采取低于应收账款成本的现金折扣来促使客户主动还款，在考虑成本效益原则的基础上加快资金回笼。对于应收账款逾期较长的客户，可通过电话、函证、上门催收、委托中介机构等方式增加催收频次。同时，提高工作人员的业务能力和风险意识，通过培训提升他们的职业素养，提高他们的沟通和催收技巧，确保催收工作高效进行。如果上述措施都无效，必要时可采用法律手段维护自身的合法权利。

（三）完善赊销客户信用管理体系

赊销客户信用管理是指通过制定信用管理政策，协调和指导企业各业务单元的活动，对信用交易前期的客户资信尽职调查与评估、中期的额度和期限管控、后期的应收账款管理与回收进行全面系统科学的管理。信用管理应达到两个目标：一个是扩大销售，提升企业业绩；二是控制风险，将应收账款的逾期风险和坏账损失控制在可接受的范围内。建设系统的企业信用管理体系，一般从三个方面入手：一是事前评估，交易前对客户开展资信调查和评估，进行风险预测；二是事中管控，交易中严格执行赊销政策，对不同信用评级的客户给以相应的赊销额度和期限；三是事后控制，交易后积极监控回款进度，确保所有应收账款回款进度可控。

企业要依据自身状况，成立适合的信用管理部门，负责赊销客户信用管理。信用管理部门的主要职责是与销售部门密切联动。第一，建立赊销客户信用档案。通过对客户资信信息的搜集调查，了解客户偿付能力、信誉情况、纳税情况、经营规模、是否有充足的担保或抵押品等，以及生产经营方面的情况，判断是否可以进行赊销。第二，存量应收账款的监测。对已经发生的应收账款进行账龄分析，预警即将逾期的应收账款，督促销售部门及时回款。第三，逾期应收账款的催收。对已经逾期的应收账款进行原因分析，检查之前关于逾期客户的信用评估情况，查找是否存在评估失误，并且依据其逾期原因制定相应的催收政策。

（四）完善内部控制体系

企业应结合自身情况，不断优化完善应收账款管理内控制度。一是要完善企业销售活动的信用销售管理政策及赊销审批制度，严格按照内部控制的关键风险点进行管控，严格遵循内控管理制度规定的程序办理赊销业务，任何员工不得随意变更。对于新客户和境外客户，应尽量减少赊销行为。二是要制定切实可行的合同管理制度，明确双方的权利和义务，强化合同的执行力度。三是要建立销售人员定期轮岗及经手客户债务交接制度、原始资料档案管理制度、款项回笼责任制，要将每一笔应收账款都落实到人，努力将营运风险降到最低。

（五）强化应收账款财务监控

企业应加强应收账款财务监控，财务部门应密切关注应收账款账龄分析、跟踪应收账款回收进度、逾期应收账款催收进度等。财务部门必须在每个年度会计期末以函询方式核对应收款项，及时发现异常销售行为，预防销售人员的舞弊行为，避免发生款项被侵占或挪用，使企业利益受损的情况。强化坏账风险意识，改善应收账款坏账准备制度，避免企业出现利润虚增、名盈实亏的现象。企业应遵循谨慎性原则，会计期末进行应收账款减值测试，对坏账损失的可能性进行估计，预计不能收回的款项可提前计提坏账准备。对已经确认不能回收的应收账款，应在取得相关证据并按照规定流程进行审批后，列入坏账损失处理。企业已经核销的坏账应当建立备查登记制度，做到账销案存。已经核销的坏账收回时必须及时入账，避免形成不可控的账外资金。

（六）改进应收账款管理考核机制

企业要改进应收账款管理考核机制。销售收入、利润和应收账款回款、应收账款周转率等指标都应纳入绩效考核，个人业绩考核不仅要和销售挂钩，也要同时关联应收账款的管理，对上述指标考核设置合理的权重系数。若有重大情况需调整时，必须由企业相关职能部门审核，并经企业管理高层审批后，才能作为调整事项进行调整。改进后的应收账款管理考核机制要刚柔兼备，既能充分调动员工工作的积极性，又能提高应收账款的管理水平，尽量压缩应收账款发生坏账的频率与额度，降低企业资金风险。此外，企业可以充分发挥内部审计的监督作用，及时监督企业从销售行为到回款管理是否存在重大差错，保证应收账款回款和核销工作正常进行。

三、企业存货管理措施

（一）明确部门职责，完善相关管理制度

企业要注意加强内部控制，形成有效的制约机制。在存货管理过程中，采购、验货、保管应交给不同部门进行，不能让同一个部门掌管，因为这样很容易造成权力集中，导致徇私舞弊问题。同时，要提高企业员工的素质和能力，加强员工培训。另外，及时进行市场调查，准确把握所需材料的价格，科学及时地进行采购。

（二）制订符合企业情况的订货计划

企业存货，既不能过多，也不能过少，过多过少都会给企业带来不必要的损失。所以，企业要做好采购计划，能够根据企业实际需求进行采购，这样就能够保证企业降低成本，提高利润。同时，企业还要加强仓库环境管理，能够根据库存物品的情况提供适应物品长期保存的环境，这样才能够保证企业库存商品长期保质地存储。

（三）采取合理的存货计价方式，减轻企业税费支出

先进先出计价方法虽然能够方便企业进行存货计价，但是这种方法让企业付出更多的税费，降低了企业利润。所以，企业要学会根据实际情况采用合理的存货计价方式，比如，企业可以采用加权平均法、简单移动平均法等科学有效的方法来降低企业税费支出，保证企业利润。

（四）完善出库制度，保障库存与记录相符合

企业要对各部门领取库存物品进行严格管理，规定统一的时间到统一地点进行货品领取，同时对于货品的领取数量要有所限制，不能随意领取。同时，要有严格的出库登记表，即要求每个部门对于自己领取的物品要详细记录，并将这些记录进行保存，便于日后清查。同样，入库物品也要进行严格记录。对于相关记录和库存物品的质量，企业也要派相关人员定期检查，查看记录是否与实际库存物品相符合，查看库存物品的质量是否符合生产要求。对于不符合生产要求的物品，要及时进行处理，不能因小失大。

（五）企业要加强存货管理的审计工作

严格的审计工作，能够使企业存货管理更加规范化。会计人员和审计人员要定期对存货的关键信息进行审核，及时核对库存物品的采购价格，防止徇私舞弊及贪污情况发生。

（六）定期考核库存管理人员，提高库存管理人员素质

企业在选聘库存管理人员时应严格把关，并且要根据自身实际情况对库存管理人员定期进行培训、考核，这样才能保持甚至提高库存管理人员的综合素质和职业素养。同时，对于库存管理人员，企业要提供适当的奖励和资金照顾，使库存人员更加安心地工作，更加全心全意地为企业工作，保障企业库存的有效管理。同时，企业还可以鼓励各部门人员参与库存管理中，加强各部门人员的责任感。

第六章　信息化背景下企业预算与成本管理

第一节　企业预算管理

一、企业预算管理概述

（一）预算管理的概念

什么是预算管理，目前学界主要有两种代表性观点：一种观点认为，预算管理是利用预算对企业内部各部门、各单位的各种财务及非财务资源进行分配、考核、控制，以便有效地组织和协调企业生产经营活动，完成既定的经营目标。另一种观点认为，预算管理的实质是一套由预算的编制、执行、内审、评估与激励组成的可运行的、可操作的管理控制系统，它体现了"权力共享前提下的分权"的哲学思想。

（二）现代企业预算管理

企业预算是指企业未来一定时期内，经营、资本、财务等各方面的收入、支出、现金流的总体计划，它将各种经济活动的计划用货币形式表现出来。最早将预算作为管理手段应用于企业的是美国，预算首先被应用于广告费的分配上。第一次世界大战后，美国工业生产得到快速的发展，企业规模扩大使得管理人员增加，产生了分权化管理，如何使管理分权而又不失控则成为一个突出问题。同时，生产规模的盲目扩张也导致一些企业出现了生产过剩、产品销路不畅等现象。这些问题和现象迫使企业管理者开始寻求科学预测市场、正确计划生产能力与销售能力、协调部门间经济活动的办法和手段。于是，一些企业管理者将预算引入企业管理，以此来计划、协调、控制企业经济活动。企业预算是一个闭合循环系统，主要是以企业战略定位和经营计划为导向，结合企业不同发展周期，通过确定预算目标、编制经营预算、资本预算，最终形成财务预算的过程。

企业预算管理是指企业根据发展规划和战略目标，在对未来经营环境进行分析预测的基础上，以价值形式对预算期内所有经营活动、投资活动和财务活动进行统筹安排，并以预算为标准，对预算执行过程和结果进行控制、核算、分析、考评、奖惩等一系列管理活动的过程。

全面预算管理是企业内部管理控制的主要工具和方法。预算管理是企业整合内部资源的手段和战略执行的有效工具，是全员参与、涵盖企业各类生产要素、贯穿企业经营发展全过程的综合管理活动，也是现代企业市场竞争能力的重要体现。

二、预算管理的内容体系

一个完整的企业全面预算应包括业务预算、专门决策预算和财务预算三大部分。三部分又各自包括若干内容，共同构成一个错综复杂、相互影响的体系。

（一）业务预算

业务预算反映企业在计划期间日常发生的各种具有实质性的基本活动，主要包括销售预算、生产预算、直接材料采购预算、直接人工预算、制造费用预算、单位生产成本预算、推销及管理费用预算等。

1. 销售预算

销售预算是预算期内预算执行单位销售各种产品或者提供各种劳务，可能实现的销售量或者业务量及其收入的预算。

2. 生产预算

生产预算是根据销售量预算和必要的期末存货量，对生产所需要的资源进行的计划安排。

3. 采购预算

采购预算是预算执行单位在预算期内为保证生产或者经营的需要，而从外部购买各类商品、各项材料、低值易耗品等存货的预算。

从事工业生产预算执行单位的采购预算也可以称为直接材料及采购预算，主要反映预算期内各种材料预计消耗量、采购量和采购金额以及采购款项支出情况。

对于非生产型预算执行单位的采购预算，则主要反映预算期内各种商品的预计采购量和采购金额以及采购款项支出情况。

4. 直接人工预算

直接人工预算是从事工业生产的预算执行单位，反映预算期内人工工时消耗水平、人工费用开支水平的经营预算。与直接材料预算一样，直接人工预算的编制也要以生产预算为基础来进行。

5. 制造费用预算

制造费用预算是从事工业生产的预算执行单位在预算期内，为完成生产预算所需要的各种间接费用的预算。

6. 产品成本预算

产品成本预算是从事工业生产预算执行单位在预算期内，生产产品所需要的生产成本、单位成本和销售成本的预算。

7. 营业成本预算

营业成本预算是非生产型预算执行单位为了实现营业预算，而对预算期内人力、物力及财力方面所需要的直接成本预算。营业成本预算主要依据企业有关定额、费用标准、物价水平、上年实际执行情况等资料编制。

8. 营业与管理费用预算

营业与管理费用预算是预算期内，预算执行单位组织经营活动所需要的管理费用、营业费用等方面的预算。

（二）专门决策预算

专门决策预算是企业为某个决策项目而编制的预算，包括资本预算和筹资预算等。

1. 资本预算

资本预算是资本资源在企业内的分配预算，即企业内部项目间的资本配置方案。由于资本支出决策对企业生存与发展具有绝对重要性，因此资本预算在企业预算管理中具有特殊的地位。

资本预算主要包括固定资产投资预算、权益性资本投资预算和债券投资预算。

（1）固定资产投资预算

固定资产投资预算是企业在预算期内，购建、改建、扩建、更新固定资产进行资本投资的预算，应根据本单位有关投资决策资料和年度固定资产投资，在投资项目可行性研究的基础上编制。企业处置固定资产所引起的现金流入，也应列入资本预算。企业如有国家基本建设投资、国家财政生产性拨款，应根据国家有关部门批准的文件、产业结构调整政策、企业技术改造方案等资料单独编制预算。

（2）权益性资本投资预算

权益性资本投资预算是企业在预算期内为获得其他企业单位的股权及收益分配权而进行资本投资的预算，应根据企业有关投资决策资料和年度权益性资本投资计划编制。企业转让权益性资本投资，或者收取被投资单位分配的利润（股利）所引起的现金流入，也应列入资本预算。

（3）债券投资预算

债券投资预算是企业在预算期内为购买国债、企业债券、金融债券等所做的预算，应根据企业有关投资决策资料和证券市场行情编制。企业转让债券收回本息所引起的现金流入，也应列入资本预算。

资本预算的特征表现为：一是通常包括最初始现金投入，并对企业的未来获利能力产生长期影响；二是在方案实施过程中会出现经常性的现金流入和现金流出，比如增加的收入、增加（或节约）的营运成本等，因此需要考虑现金流的折现；三是所得税是资本预算的重要因素，因此在每一个资本预算决策中必须考虑所得税。根据这些特征，资本性支出项目的预算管理要坚持贯彻"量入为出，量力而行"原则，杜绝没有资金来源或负债风险过大的资本预算。要充分考虑未来的现金流，资本性支出不能造成经营性支出困难。

2. 筹资预算

筹资预算是企业在预算期内需要新借入的长短期借款、经批准发行的债券，以及对原有借款、债券还本付息的预算，主要依据企业有关资金需求决策资料、发行债券审批文件、期初借款余额及利率等编制。

3. 财务预算

财务预算反映企业在预算期内的有关现金收支、经营成果和财务状况。财务预算是全面预算体系的最后环节，可以从价值方面总括地反映经营预算和专门决策预算的结果。财务预算具体包括现金预算、预计利润表和预计资产负债表。

（1）现金预算

现金预算是用货币反映的一定时期内现金收支、筹措和运用的数字化计划，是企业各种计划和综合预算的归宿，是现金管理最重要的工具。现金预算是以业务预算、资本预算和筹资预算为基础而编制的。现金预算关系到企业经营稳定与可持续发展。

（2）预计利润表

预计利润表是综合反映企业在预算期间的收入、成本费用及经营成果情况的预算报表，一般根据销售或营业预算、生产预算、产品成本预算或者营业成本预算、期间费用预算、其他专项预算等有关资料分析编制。

（3）预计资产负债表

预计资产负债表是按照资产负债表的内容和格式编制的，综合反映预算执行单位期末财务状况的预算报表，一般根据预算期初实际的资产负债表和销售或营业预算、生产预算、采购预算、资本预算、筹资预算等有关资料分析编制。

三、预算管理工作机构

预算管理工作机构，也就是具体推进和实施预算管理的工作班子。很多企业的预算管理工作班子基本上全是财务部门的人，所有预算工作都抛给财务人员，结果成了财务部门的预算管理，最终变成财务部内部自娱自乐的一项活动。

预算管理委员会是预算管理的领导机构，具体工作还要各系统的人去做。

预算编制、预测、分析、调整、执行、跟踪、考核等一系列流程，都是很具体的工作，要求比较细，所以必须专门部署。

在财务系统中，财务分析模块是预算管理的具体工作机构，同时，在其他各业务和管理系统也应该指定一两名文职人员负责本系统的预算管理工作。这是一项经常性的工作，专业要求比较高。

第二节　企业成本管理

一、成本管理内涵

（一）加强成本管理、提高效益是企业的本质要求

企业是经济组织，承担了诸多的社会责任，但最重要、最核心的是经济责任，加强成本管理、提高效益、实现价值的最大化是经济组织的本质要求。

（二）成本管理的目标是取得成本竞争优势

市场经济体系是以价格、成本及利润为导向的竞争经济。成本管理的目标已不再只是短期降低成本，而是取得长期成本竞争优势。

（三）成本管理涵盖企业管理的各个方面

成本管理内容包括管理思想、管理组织、管理方法、管理手段和管理人才等方面。其中，成本管理思想是灵魂，成本管理组织合理化是保证，成本管理人才是关键，成本管理方法和手段科学化是条件。成本管理职能包括计划、组织、控制和调节等。成本管理对象包括成本管理文化、成本管理制度、成本管理机制、成本计划、采购成本、生产成本、销售成本、质量成本、融资成本、人力资源成本及信息成本等。

二、成本管理导向

成本管理导向是指对成本管理活动的引导、指示，包括以绩效为导向及以成本控制过程为导向的成本管理。

（一）以绩效为导向

企业是以营利为目的的经济组织，应当将提高经济效益作为基本的职能，并将该职能形成制度化并落实到各层次、各部门、各项职务及岗位，把提高绩效作为员工优先的任务。

（二）以成本过程控制为导向

成本绝非单纯是账簿的产物，它是在经济活动过程中发生的，应该从过程层面去把握成本。成本控制过程强调对全程的全面把握和对关键点的监督。进行成本过程管理之前都必须明确目标、绩效、成果并制定衡量的指标与标准，拟定成本管理的策略、

措施与方法。

企业的基本职能是通过生产、流通和服务等经济活动,将所拥有的人力、设备设施、物料和环境等资源转化为社会所需的产品或服务,并获得超出投入的资金和财物的盈余。

三、企业成本管理工作体系

(一)成本预测

1.预测的内容

成本预测的内容主要包括可比产品成本降低率预测、可比产品成本降低额预测。

(1)可比产品成本降低率的预测

这种预测以预计计划期的各项主要技术经济指标的变动程度为基础,以此来测算计划期可比产品成本降低率的一种预测方法。其中,各项主要技术经济指标包括材料消耗定额、材料价格、劳动生产率、平均工资、产量、变动性制造费用以及废品率的变动,这些技术指标的变动均会对产品成本的升降产生影响。

(2)可比产品成本降低额的预测

这种预测以计划年度采取的各项降低成本的具体措施为基础,以此来测算计划期可比产品成本降低额,进而确定成本降低率。

进行此类预测的关键是发动职工制定切实可行的节约措施,在此基础上测算这些措施对成本的影响并汇总,以此与目标成本进行比较,据此可检验目标成本实现的可能性并对此予以修正。

2.预测的基准和假设

可靠的成本预测信息应建立在合理确定成本预测基准和预测假设、科学界定预测时间、正确运用预测方法和编制程序等基础上。企业成本预测信息质量保障机制主要可从以下几个方面来实现:

(1)保证成本预测基准的可靠性

预测基准有内部事实和外部事实之分,一般包括企业历史成本信息、企业现有技术水平及生产能力、行业内成本的平均水平、先进的成本水平标杆、企业外部对成本产生重大影响的因素等。

(2)保证预测假设的合理性

预测性的成本信息是根据合理假设基础对未来趋势、事件等所做的预测性陈述,主要是基于主观的估计和评价,一旦客观条件发生变化,原先做出预测的合理假设基础也发生变化或者不再存在而使预测信息失真,此时应对其进行更正。

(3)科学界定成本预测时间

预测性成本信息时间跨度的长短与预测性成本信息的质量呈反向关系。一般情况下，预测性成本信息的编制时间应与实际成本报表的编制时间相同，以便进行对比分析。

（4）正确运用预测方法

要确保预测信息和历史信息的可比性，生成预测性成本信息所运用的会计原则、会计政策应当与提供实际成本报表所用的原则、政策相一致。预测方法一般采用定性和定量相结合的方法。

（5）科学预测

第一，预测前要充分地收集相关材料，选取适宜的预测方法。第二，进行初步预测后，将初步预测的结果提交相关人员以征求意见。第三，对初步预测的结果进行必要调整后，形成尽可能切合实际的预测报告。

3. 业务流程

其一，确定成本预测课题，明确成本预测的目标、范围、对象、时间、频次和基准。其二，收集所需要的信息。收集预测所需的各类信息是成本预测一项十分重要的工作。成本预测的正确性很大程度上取决于预测时所依据的基础信息的数量及准确性。其三，选择适当的预测方法。针对不同的预测对象，所采用的具体预测方法也不相同：进行定量预测，要建立数学模型；进行定性预测，要建立合理的逻辑推理程序。其四，做出预测结果。在信息收集的基础上，通过研究分析，明确哪些因素会对企业未来的成本水平产生较大的影响，找出这些因素的发展趋势，将其确定为未来成本的变量，通过一定的方法可以测算出未来的成本水平。更多的情况是企业对所获取的资料进行定性分析而得出预测结果。其五，提交成本预测报告。成本预测报告要点需包括以下方面：第一，成本预测报告应采用与实际成本报告相同的格式，体现可比性原则。第二，采用报表附注的形式把一些重要的预测性成本信息揭示出来，以提高成本信息的相关性。第三，采用的基本预测假设和重要会计原则、会计政策应列出来，便于使用者理解。第四，预测性质的揭示。让使用者理解成本预测都含有一定的不确定性，防止使用者盲目依赖预测性的成本信息。

（二）成本计划

计划是企业行动的先导，是企业管理的基本职能之一，它涉及对未来活动的思考、分析、判断和策划。

1. 成本计划概念

成本计划是企业成本管理的基本职能之一，是合理高效配置资源、统一协调各种工作、实现企业经营目标的重要保证和基本方法。

成本计划是以货币形式规定企业在计划期内产品生产耗费和各种产品的成本水平以及相应的成本降低水平和为此采取的技术上可行、经济上合理的书面方案。

2.成本计划业务流程

（1）搜集整理资料

搜集资料并进行归纳整理是编制成本计划的必要步骤，所需搜集的资料是编制成本计划的依据。这些资料主要包括：企业下达的成本降低额、降低率和其他有关技术经济指标；成本预测及决策的资料；生产能力及利用情况；计划期生产、物料供应、劳动工资和技术组织措施等计划；材料消耗、物资供应、劳动工资及生产效率等计划资料；计划期内的物资消耗定额、劳动工时定额、费用定额等资料；以往同类成本计划的实际执行情况及有关技术经济指标完成情况的分析资料；同行业同类产品的成本定额、技术经济指标资料及增产节约的经验和有效措施；本企业的历史先进水平和先进经验；国外同类产品的先进成本水平情况等资料。

（2）确定目标成本

成本管理部门依据前年度与上年度经营成本计划完成情况，结合计划期内各种因素的变化及拟采取的降本增效策略、措施和方法，进行预测、修订、平衡后估算基期成本（费用）水平，拟定目标成本，并由总经理召集各责任中心主管研讨协商后，将降本增效指标下达各责任中心。

（3）分解及落实目标成本

各责任中心在总结上期成本计划完成情况的基础上，结合下达的目标成本，分析实现目标成本指标的有利和不利因素，制定成本控制的策略、措施和方法，拟定控制或降低成本的方案，编制各责任中心成本（费用）计划。

（4）编制成本计划

成本管理部门适时与各责任中心协调联系，综合、汇总、评估各责任中心成本（费用）计划，并视需要开会商讨、协调及衔接，在此基础上编制成本（费用）计划。

（5）下达成本计划

成本（费用）计划经企业高层管理者审定后，下达至各职能部门执行。

（三）成本控制

成本控制是指企业根据预先建立的成本管理目标，由成本控制主体在其职权范围内，在生产耗费发生以前和成本形成过程中，对各种影响成本的因素和条件采取的一系列预防和调节措施，以保证成本管理目标实现的管理行为。

成本控制的目的是要确保预期计划及目标的实现，尽可能取得最佳的经济效益。成本控制包括制定成本控制标准、成本控制和纠正偏差三项基本要素，它们在成本控制过程中构成一个次序分明、相互关联、缺一不可的完整体系。

成本标准是成本控制的准绳，成本控制标准是成本计划实施中对现实成本行为的规范，是实施成本控制的前提条件和基本手段，是衡量实际工作是否达到预期目标的标尺。

四、成本核算

（一）成本核算的基础

成本核算的基础工作包括原始记录、定额、计量、计价及经济责任等方面的内容。

1.原始记录

原始记录是指按规定的格式，对生产经营活动进行计量与记录。原始记录是反映企业生产运营活动的第一手材料，是编制成本（预算）计划、制定各项定额的主要依据，是成本管理的基础。

各类原始记录应包括：内容、项目、计量单位、数量、日期、部门、填表人等基本内容。原始记录应根据业务种类指定专人负责填写，按规定送达有关业务部门，并建立清理、归档、保管制度。

2.定额

定额是企业在生产管理过程中对人力、物力和财力的利用、占用和消耗方面应当遵循和达到的数量标准。企业定额包括物资消耗定额、劳动定额、费用定额和能源消耗定额。

（1）物资消耗定额

物资消耗定额包括单位产品的物资消耗定额，按产品分车间的消耗定额，按产品分工序的消耗定额，设备维修、物资消耗定额，工具模具消耗定额等。

（2）劳动定额

劳动定额包括单位产品工时定额、车间工序工时定额、车间科室人员编制定额、机台设备定员、产品包装工时定额等。

（3）费用定额

费用定额包括办公经费、差旅费、仓库管理费、劳动保护费、培训费等开支标准。

（4）能源消耗定额

能源消耗定额包括单位产品（分车间）的水、电、汽、风等消耗定额，设备电力消耗定额，车间、部门照明用电的消耗定额等。

3.计量

计量是通过技术和制度相结合的手段，实现量值准确可靠的活动。计量工作为企业生产、科学实验和经济核算提供可靠的数据，从采购原材料到产品出厂各个环节都离不开计量。要保证计量的准确、可靠，必须关注以下两个方面：①配置必要的计量工具，健全计量责任制。②企业各种消耗的记录统计，都应以经过计量的实际消耗为准，不能以估算、推算、倒算或定额消耗量作为实际消耗量。对各类物资的收发计量必须办理凭证手续，对余料及时办理退库手续，对废料要及时组织回收并办理结算手续，以使成本核算符合实际。

4.计价

企业应制定统一的结算价格，包括原材料、半成品、工具、能源、劳务等的结算价格。企业内部价格一般有如下几种：①以生产单位的计划成本作为企业内部价格。②在生产单位计划成本的基础上加上一定的内部利润作为内部价格。③以供需双方协商一致的价格作为内部价格。

企业内部价格要根据生产经营情况的变化定期予以调整，一般一年调整一次。企业内部价格应由企业计划部、财务部、人力资源部、技术部、生产部及其他有关部门共同制定，各单位不得擅自改变价格标准。

5.经济责任

经济责任制规定企业内部部门、车间及员工的工作范围、责任及权限。企业建立内部经济责任制，是把部门成本费用职能、岗位责任以及职权有机结合起来并形成制度，它有利于调动各方面的积极性。

（二）成本核算步骤

成本核算一般分为以下几个步骤：

第一，确认计量成本费用。收集、审核费用凭证，以正确、完整、合法的原始凭证作为成本计算的依据。

第二，确定成本计算对象。确定成本计算对象（产品、劳务作业等），以便归集其应负担的费用，计算其总成本和单位成本。

第三，归集和分配生产费用。生产费用，要区分应计入成本的费用和不应计入成本的费用。将应计入产品成本的直接费用如直接材料、直接人工、其他直接费用直接记入产品成本账户。将不能直接归属产品成本的间接费用如车间经费、企业管理费、销售费用则根据费用发生的地点和部门，间接记入有关集合分配账户中，然后采用适当的分配方法归集到各个成本计算对象中。

第四，计算总成本及单位成本。按照确定的成本对象以及按成本计算对象归集的生产费用，计算出该成本对象的总成本及单位成本；如果该产品有在产品，则加上期初在产品成本，减去期末在产品成本，即为本期完工产品的总成本，再除以完工产品数量，即可计算出完工产品的单位成本。

第五，成本报告。成本报告属于企业内部管理的报表，它是反映企业生产耗费和产品成本结构、成本升降变动、成本预算执行情况的一种会计报表。成本报表的编制应与生产工艺过程和企业内部管理要求相适应。工业企业主要有生产成本表、产品单位成本表、成本预算（计划）执行情况表、制造费用及期间费用明细表等。

（三）责任成本核算

责任成本指的是某一责任中心的可控成本，即责任中心有权控制其形成，并能够影响和调整其数额的成本。

1.责任成本中心

设置责任成本中心是实施成本责任核算的首要问题。企业内部如何设置成本责任中心、设置多少成本责任中心，取决于企业内部控制、考核的需要。上至企业一级，下至车间、工段、班组，甚至个人都可划分为成本中心，可以说，只要有费用支出的地方，就可以建立成本中心。由于成本中心的规模大小不一，因此各成本中心的控制、考核内容也不相同。

2.责任成本核算程序

（1）责任中心成本预算

第一，责任成本预算的含义。

责任成本预算是指以责任成本中心为对象，以其可控的成本为内容编制的预算。责任成本预算既是责任成本中心的努力目标和控制依据，又是考核责任成本中心业绩的标准。在实行责任会计的企业中，责任成本预算是企业经营预算的具体化，可以与经营预算融为一体。

第二，责任中心预算的编制。

编制成本责任预算的目的在于将责任成本中心的经济责任数量化。就预算编制程序而言，成本责任预算的编制主要有两种方法：一种是在企业总预算的基础上，从责任中心的角度，对总预算进行层层分解而形成的各责任中心的预算；或者把总预算确定的目标，按照企业内部各责任中心进行划分，落实到企业的各个部门和各级单位以保证实现企业的总体目标。这种自上而下、指标层层分解的方式是比较常见的，其优点是使整个企业浑然一体，便于统一指挥和调度；不足之处是可能遏制责任中心人员工作的积极性和创造性。另一种是采取自下而上的方式，即首先由各个责任成本中心自行列示各自的预算指标，层层汇总，最后由企业成本管理职能部门进行汇总和调整，从而建立企业总预算。这种方式虽然有利于发挥各责任中心的积极性，但容易使各责任中心只注意本中心的具体情况，或者局限于本部门管理的狭窄范围之内。各责任中心的作用虽然可能得到最大限度的发挥，然而容易造成彼此协调不畅而影响企业的总体目标。

（2）责任成本的核算

责任成本核算，也称责任成本会计反映，是以货币为主要计量尺度，对责任成本中心成本活动或预算执行过程与结果进行连续的、系统的记录，定期编制会计报表，形成一系列财务、成本指标，据以考核经营目标或成本计划的完成情况，为经营决策提供可靠的信息和资料。责任成本核算力求会计资料真实、正确、完整，保证成本会计信息的质量。

（3）责任中心成本报告

责任成本绩效报告，是责任单位在一定期间内生产经营活动的成果反映，也是各责任单位履行成本控制责任结果的概括说明。

成本责任报告又称成本绩效报告，它是根据责任会计记录编制的反映责任预算实际执行情况的会计报告。

成本责任报告的形式主要有报表数据分析和文字说明等。将责任预算的各项指标（目标）及实际履行情况编制报表予以列示是责任报告的基本方式。

五、成本绩效管理

成本绩效管理对于管理者和员工来说是全新的事物，他们需要一个从观念上理解和接纳的过程。缺少认同与承诺的成本绩效管理是很难顺利并有效地实施下去的。加强沟通与培训，使管理者和员工意识到成本绩效管理的必要性与重要性。

（一）成本绩效管理概述

成本管理系统是企业管理系统的一个子系统，绩效管理自然应该包含成本绩效的管理，某种意义上对企业绩效进行评价的过程，就是对成本管理绩效进行评价的过程。

成本管理绩效评价是以成本计划及成本目标水平和控制标准为依据，采用成本与非成本指标相结合的方法，对成本管理的各项活动进行动态衡量，考察其目标完成程度，并及时提供反馈信息的一种价值判断过程。

成本管理业绩评价既是对企业过去成本管理工作的一个总结，更是为企业未来成本管理提供有力的信息支持，同时也是企业对管理者和员工进行奖惩的依据。

（二）成本绩效管理的基本业务

成本绩效管理包括成本绩效考核和激励两个层面的业务。

1.成本绩效考核

成本绩效考核是按照事先确定的成本目标（指标）及衡量标准，考查员工实际完成成本绩效情况的过程。考核期开始时签订的成本绩效合同或协议，一般都规定了绩效目标和绩效测量标准。成本绩效合同一般包括：成本控制工作目的描述、员工认可的目标成本（指标）及衡量标准等。

成本绩效合同是进行绩效考核的依据。绩效考核包括工作结果考核和工作行为评价两个方面，其中,成本控制工作结果考核是对考核期内员工成本控制工作目标(指标)实现程度的测量和评价，一般由员工的直接上级按照绩效合同的绩效标准，对员工的每一个成本控制工作目标（指标）实际完成情况进行等级评定。

为了正确把握成本管理的各项活动是否给企业带来应有的管理效果，就需要借助一定的方法来对成本管理工作所取得的业绩进行评价。

2. 激励

激励只有符合下列两个条件时才具有作用：一是为被奖励者重视；二是与被奖励者付出的努力和取得的绩效相一致，体现公正与公平。

一般地讲，无论结果绩效还是行为绩效，只要达到或超过了绩效考核期开始时确定的绩效标准，都应该给予奖励。由于人的需求是千差万别的，对一个人具有较大激励作用的事情，对另一个人来说也许没有激励作用，因此，有效的奖励系统应能反映不同员工的需要。通常的奖励方式包括绩效工资、表扬、晋升、奖金、奖品、特殊津贴等。

（三）成本绩效管理业务流程

1. 明确业绩评价的目标

成本管理业绩评价的目标主要表现在两个方面：一是能获得评价所需的信息，能为企业改善成本管理提供信息支持；二是客观地对成本管理绩效进行评判，并据以对经营管理者实施奖惩。

2. 确定评价对象

以成本为中心作为业绩评价对象，设置相应的评价指标，对经营管理者的业绩进行评价活动。成本管理业绩评价应分为两个层次：一是评价成本决策业绩，二是评价执行成本计划及成本控制的业绩。

3. 设定评价指标

成本管理业绩评价标准是指判断评价经营单位和企业内部各职能部门成本管理业绩优劣的基准。例如，针对经营单位，主要是对其成本决策效果进行评判，评价主要指标是围绕企业竞争地位的变化而设定的，因此评价标准应该是竞争对手的相关指标或本企业目标分解形成的比较具体的成本指标。对于企业内部各职能部门来说，评价标准应该是年度成本计划（预算）、标准成本及费用标准的控制。

4. 收集、整理评价的资料

评价指标和评价标准确定以后，就需要收集相关资料。准确、及时地收集有关的评价资料是业绩评价系统有效运行的重要保证。信息收集要按照评价目标所要求的方法和渠道，通过对评价主体、评价对象、评价指标、评价标准的认真分析，借助日常报告制度，准确、及时地收集评价所需要的信息。

5. 进行评价

一般来说，在对经营单位进行评价时，主要是将衡量企业成本竞争优势的关键指标，如每百元销售收入成本（费用）率、每百元成本（费用）利润率、劳动生产率某指标与竞争对手的相应指标进行对比，衡量上述关键指标（目标）实现程度，分析产生差异的原因，确认成本决策结果引起的战略优势和劣势，提出解决方案。

6. 提交评价报告

评价报告是评价主体在得出评价结论后，向企业有关方面特别是被评价单位和个人提交的说明评价目的、程序、标准、依据、结果以及结论分析等情况的书面资料。

7. 沟通与交流

首先，对考评结果要做到全面分析，对未达标的部分要加以分析，找出原因并加以修正，调整战略目标，细化职责及工作（作业）标准。其次，针对考核结果，管理人员与被考核者及时进行沟通，充分、具体地肯定被考核者的优点，最好能以事例做出说明，让责任人感觉考核者不是泛泛空谈而是真心认可。对于被考核者存在的不足，管理人员要问清楚缘由，并提出具体的建议及要求。

8. 奖惩兑现

对考核成果要按照成本绩效合同和成本目标责任书的奖惩约定，及时进行奖惩兑现。

第三节 大数据对企业预算和成本管理的影响

一、大数据影响企业成本

（一）大数据对企业成本的影响

1. 大数据对企业内部协调成本的影响

企业内部协调成本包括代理成本和决策信息成本。

企业通过应用大数据技术，一方面，能够实现信息公开、规范化运营，可以及时发现和解决问题，有助于完善内部控制制度；另一方面，使得内部信息传递、分析更加便捷、快速，同时也使得信息在社会得到快速扩散，降低了代理人和委托人之间的信息不对称，进而减少了不确定性，节约了代理成本的监督成本和保证成本。基于大数据的企业内部监督机制与传统方式相比，具有明显的优越性，并且提高了相关治理过程的效率。由于信息传递的方便、快捷，它也使得委托代理双方更容易协调，会减少剩余损失。

内部协调成本的另一个重要因素是决策信息成本。大数据时代，与大数据相关的数据采集、存储、变换、分析、挖掘等一系列工具、技术，使得企业信息处理效率显著提高，信息处理的成本也大大降低。同时，大数据背景下，社会信息的产生和传播方式发生了巨大的变化，企业可以拥有关于创意、生产、销售、消费者关系管理等环节的海量信息和数据，以往"闭门造车"的管理模式正在被摒弃，而且有先进的数据交换技术、数据处理技术，在很大程度上解决了以往决策信息质量低下所产生的问题，降低了机会成本。

2. 大数据对交易费用的影响

交易费用理论认为，交易费用即外部协调成本影响企业的纵向边界。交易费用主要由资产专用性、信息不对称性和机会主义行为这三个因素所决定：交易所需的关系性投资的专用性程度越高，交易双方的信息越不对称，机会主义行为越盛行，则交易费用就越高。

大数据技术通过从最不可能的地方提取、量化数据，从而导致供应链管理开始转向大数据价值链的管理，并且这种技术也为把握全局性信息，减少信息不足、信息不对称提供了机遇。同时，大数据的公用性也解决了信息使用的排他性问题，缓解了信息不对称问题。大数据技术应用于市场交易，交易双方就可以掌握以往的交易历史，并可以详细了解、掌握客户的财务状况、信用状况、履约情况等。这样，企业就要从大量的交易对象中筛选出合适的客户进行交易，从而减少或避免机会主义的发生。同时，由于信息能在网络中迅速传播，对交易方的机会主义也起到限制作用。

（二）大数据背景下企业成本的变动

在不同的企业里，大数据对内部协调成本和交易费用的影响程度是不同的，下降速度也不相同，其具体受到组织结构、企业文化、技术特征、信息特征等组织特征的影响。因此，有的企业内部协调成本下降的速度快于交易费用，企业纵向边界不断扩大，企业的规模也不断增大，其典型的发展模式是掌握数据的企业沿着产业链进行整合；有的企业内部协调成本下降的速度慢于交易费用，企业纵向边界不断缩小，企业规模将变得更小，对外部资源的依赖性增加，其典型的发展模式是以平台为中心，实现资源的快速、低成本交换。

在实践中，一方面，越来越多的企业通过大规模的并购以及战略联盟等形式来实现扩张，扩大企业规模，如近几年 IBM、谷歌、戴尔、甲骨文、联想等企业在云计算产业上下游实施了大量并购。另一方面，越来越多的企业在应用大数据后实施流程重组、资产剥离等来缩小规模，采用外包、众包、租赁等方式来完成价值链上的某些环节，企业规模呈现小型化趋势，如宝洁公司采用的众包创新模式。

企业应用大数据可以有效地降低内部协调成本，大数据在经济社会的广泛应用能有效地降低交易费用，这两者的综合作用会引起企业纵向边界的变动。成本管理是现代企业财务管理的重要组成部分，对于促进增产节流、加强会计核算、改进生产管理、提高企业整体管理水平均具有重大意义。现代企业成本管理面临着诸多问题，如相关成本数据不能及时取得，造成成本核算失误，成本控制多局限于生产环节，忽视流通环节，难以实现全过程成本控制。大数据时代，财务管理人员能够及时采集企业生产制造成本、流通销售成本等各种类型数据，并将这些海量数据应用于企业成本控制系统，通过准确汇集、分配成本，分析企业成本费用的构成因素，区分不同产品的利润贡献程度并进行全方位的比较与选择，从而为企业进行有效成本管理提供科学的决策依据。

大数据时代，传统的会计数据处理模式很难以低成本且有效的方式来解决会计大数据问题。会计云计算为企业集团的会计核算提供了很好的技术支持。会计云计算是一个能为企业提供全天候处理完整业务服务的操作平台，多家企业通过企业操作平台组成一个完整的虚拟网络，使得企业之间形成一条完整的信息链，实现企业间的协作与同步，进而实现企业业务和效益的优化。会计云计算可以像企业用电一样，按使用量进行付费，这就大大减少了购买会计计算所需软硬件产品的资金，同时免去了耗力费时的软件安装和维护。不仅如此，会计云计算有很好的存储能力与计算能力，能对物联网中人的行为和物的行为产生的海量数据进行有效的存储，能快速地处理结构化类型的数据和声音图像等非结构化类型的数据。云计算模式下发展的数据仓库和数据挖掘技术能快速有效地处理会计大数据问题。

基于数据仓库提供的大量原始数据，使用数据挖掘技术找到原始数据潜在的某些模式，这些模式可以给决策者提供有力的决策依据，从而有效地减少商业风险。会计云计算的消费者并不需要清楚会计云计算在网络中的位置，只要有网络的支持，任何地点的消费者都可以通过网络访问云计算服务。由于会计云计算提供虚化的、抽象的物理资源，这些资源可以被云计算提供商租给多个租户。会计云计算提供的资源规模是具有弹性的，业务量增加时，资源规模会发生扩展；反之，资源规模则会收缩。但是这种动态变化的过程并不会中断会计云计算服务，对用户也是透明的。云计算的资源使用是可以被计量且可被控制管理的，云系统可以根据计量服务自动控制并优化资源使用。可以说，云计算是会计大数据的综合解决方案。

随着企业信息化和云计算的发展，企业在提供产品的方式、速度和质量上发生了变化，企业的组织流程、产品服务和业务模式有所创新。随着移动互联网逐步取代了桌面互联网，IT企业给消费者提供的不仅仅是产品，还可以是基于互联网的服务，IT企业发生了由提供产品模式到提供服务模式的转变。在提供产品模式下，一般企业向IT企业采购应用软件、操作软件和服务器硬件时需要投资巨额的资金，更不用说为了完成企业信息化，雇佣相关的信息技术人员进行企业信息存储和信息计算所消耗的费用，当然也少不了维护费用。但是，转化成服务交付模式时，与提供产品模式不同，云服务的提供商和消费者是为了在特定技术目标或业务目标下实现交互行为。云服务提供商可以向消费者提供全套的信息化服务，企业不需要进行传统模式下的投资，只需购买云服务提供商的信息化服务，获得信息化使用权。这就免去了一次性购买投资的巨额资金，随时支付购买服务的营运费用即可。

二、大数据影响全面预算体系

（一）大数据时代，企业如何做好全面预算管理

企业通过搭建先进的硬件平台，利用云计算的强大分析能力，随时监控过程执行情况，从而及时调整战略部署。通过大数据，我们可以及时了解企业的最新状态，找到企业存在的薄弱点，从而有针对性地制订或改进计划，将预算应用于最需要的地方。

1. 为传统方法提供可靠的数据基础

大数据将引发企业商业模式的转变，销售预测也将由原来的样本模式转变为全数据模式。随着网络技术的发展，非结构化数据的数量日趋增多，在销售预测中仅根据以往销售数据的统计分析只能反映顾客过去的购买情况，难以准确预测其未来的购买动向，因此，企业如果能将网络上用户的大量评论搜集到数据仓库，再使用数据挖掘技术提取有用信息，就能对下一代产品进行针对性的改进，也有助于企业做出更具前瞻性的销售预测。

在预算管理方面，大数据可以为建立在大量历史数据和模型基础上的全面预算的合理编制和适时执行控制，以及超越预算管理提供重要的依据。在实施责任成本会计的企业，成本中心、利润中心和投资中心要根据大数据仓库的数据和挖掘技术编制责任预算，确定实际中心数据和相关市场数据，通过实际数据与预算数据的比较，进行各中心业绩分析与考核。大数据有助于作业成本管理的优化。作业成本法能对成本进行更精确的计算，但其复杂的操作和成本动因的难以确定使得作业成本法一直没有得到很好的普及。数据挖掘技术的回归分析、分类分析等方法能帮助管理会计人员确定成本动因，区分增值作业和非增值作业，从而有利于企业采取措施消除非增值作业，达到优化企业价值链的目的。

2. 及时响应市场变化

在大数据世界中，企业根据消费者和企业策略的数据，利用商务智能新技术，开发出各种决策支持系统，从而对市场关键业绩指标（KPI）进行实时性的监控和预警。移动性、智能终端与社会化互联网使企业可以实时获得消费者和竞争者的市场行为，并做出最快的反应。企业营销活动成败的关键在于对顾客价值进行准确的研判，但由于当前顾客需求差异化、竞争行为随机化的程度不断增强，以及行业科技发展变革速率不断加快，企业实现有效预测已经变得越发困难，然而，大数据的出现和推广逐渐使精确预测成为可能。

大数据的"大"，并不简单地指数据绝对数量的宏大，还包括处理数据模式的"大"，

即尽可能地收集全面和综合的数据，同时使用多种数据方法进行建模分析，充分挖掘数据背后的关联性，从而预测未来事件发生的概率。

大数据时代是一场革命，庞大的数据资源使得管理开启量化的进程，而运用数据驱动决策是大数据背景下营销决策的重要特点。以往研究表明，企业运用数据驱动决策的水平越高，其市场与财务绩效的表现就越好。可见，大数据通过强化数据化洞察力，从海量数据挖掘和分析中窥得市场总体现状与发展趋势，从而能够帮助企业提升营销活动的预见性。大数据环境下，如何将企业的市场数据与会计、财务及资本市场数据结合起来，确立市场业绩和企业财务绩效的相关性和因果关系，对企业如何安排最优营销策略和投资具有重大的意义。

（二）大数据增加全面预算的弹性

借助大数据技术与全面预算管理平台，进行行业背景、企业竞争能力、企业隐性资产、产品价值、自身财务状况的评估，以广泛、准确、及时的数据为企业提供智能决策和验证，全面预算管理向前瞻性战略决策转型。就制定全面预算的方法而言，滚动预算作为动态的预算管理方法，是随着预算期的不断进展，进而不断修改预测的结果，以指导最新的决策来达到制定目标的预算方法。由于其具有编制期限的灵活性，能够规避定期预算的僵化性、不变性和割裂性等缺点，逐步成为预算管理的主要手段。传统的滚动预算编制应用方法，都是基于内部生产经营资料及以前预算期间市场经营数据的分析和判断，预测未来报告期的经营数据，这必然导致预算时基于数据的陈旧和保守，同时仅对内部资料进行分析归纳，做出的预算脱离市场变化，反映不出复杂多变的经济形势。通过大数据进行滚动预算编制，分析的基础是海量的市场消费数据，这样可以根据市场对产品和服务的反应，对销售和采购进行快速、实时的调整，有效把握市场节奏，树立快速反应的观念。

（三）全面预算制定应注意的问题

一个做不好预算的企业，一定不能成为成功的国际化企业。全面预算管理最重要的是对企业未来经营成长的合理预估和判断。由于环境不确定性和中长期均衡的影响，财务战略管理要求管理者制定长期的企业规划而非仅仅是年度预算。在财务战略管理框架下，战略规划的核心是资源配置，其依据是核心竞争能力能否发挥以及运用的强弱，其评判标准采用一系列明确的财务指标和高于其他战略方案的资本报酬率。与战略规划相比，预算是用财务或非财务术语来表达关于未来较短期限企业营运结果的预期，预算目标成为业绩评判的基础。预算是管理控制广泛应用的手段，它必须与企业总体战略和职能相适应，同各个管理层及其特性相配合。预算编制必须体现企业的经营管理目标，并明确责任。在预算执行过程中，企业应当根据环境变化不断进行调整以使预算更符合实际，并及时或定期反馈预算执行情况。

数据库的存储方式决定了数据库的财务数据仅仅是财务数据海洋里的结构化数据，而对于非结构化的财务数据，数据库则无能为力。在当前的财务系统中，我们仅能查阅到从原始凭证中"翻译"出的部分财务数据，若想看到财务数据的源头，必须翻阅原始凭证。而大数据时代，原始凭证也必将实现"数据化"，我们可以随意调取和应用"数据化"原始凭证中的数据，必将为企业全面预算管理工作提供巨大便利。

全面预算管理自 20 世纪 20 年代在美国通用电气、杜邦等公司产生之后，很快为许多大型企业所用，对促进现代企业的成熟与发展起到很大的推动作用。目前，大部分企业的预算编制仍然停留在传统方式的初级阶段，很多数据是靠预算编制人员拍脑袋想出来的，数据的真实性及可靠性得不到保障，如很多数据是依据上一年度的预算方案，然后在各个科目上分别增加一定的比例。预算编制的管理者并没有根据实际数据进行合理的整理与分析，也没有在考虑以前年度实际数据与预算数据的基础上，顺应市场环境的变化，制定并实时调整预算方案；由于缺乏信息化管理平台，企业无法及时掌握预算执行状态，只依靠相关工作人员事后检查及调整，难以充分利用数据；在预算分析环节，多数企业只进行简单的图表分析，分析深度和广度明显不足，无法全面、多角度地对预算执行状况进行合理的分析。在预算控制环节，多数企业缺乏完善的控制体系及信息化控制手段，控制力度和控制效果欠佳。

大数据时代的到来促使企业加强信息化建设，预算信息化管理平台将成为企业全面预算管理的发展趋势，从而改变企业全面预算管理工作。大数据时代强调企业包括财务部门，甚至全体员工都参与预算的编制、执行、控制、分析过程中。预算化信息平台结合大数据特征，属于动态的业务系统，能随时反映企业预算执行情况并提供预算分析报告，财务大数据实现跨部门共享职能。预算编制工作人员能全面获得一手数据，及时掌握企业经营状况及战略目标管理效率，便于制定科学的短期预算目标与长期预算目标。企业通过预算信息化管理平台实时掌握预算执行状况，从而实现预算管理工作事前预测、事中控制、事后调整的功能。

第七章 信息化背景下企业财务管理创新路径

第一节 财务管理战略与模式创新

我们如今栖居的世界，每一秒所产生的数据都多得令人惊讶。一些企业正利用数据大显身手，创造了令人艳羡的竞争优势，但是很多企业仅仅在隔靴搔痒，只是随心所欲地对数据稍加探究，根本没有形成任何战略。

事实上，只有那些化腐朽为神奇的企业才能将大数据转化为宝贵的生产力，进而蓬勃发展。那些依旧对大数据和数据分析浅尝辄止的企业终将被赶超。那些忽视大数据的企业终将萎靡殆尽。无论是大数据巨头，还是小型家族经营的企业，所有智慧超群的企业都会从数据入手。因此，企业无论大小、无论什么行业，都需要打造出可靠的大数据战略。多数企业要么渴望开始就长驱直入，要么就纠结于不知道从哪里入手。无论你在这个领域中身居何位，都可以从大数据战略思考入手。

一、财务管理与企业战略转变

基于大数据的新型企业管理理念正在迅速发展，这种新理念也将为企业带来新的、更高的商业价值。因此，企业从微观层面转向宏观层面，从以产品为中心的传统管理模式转向基于服务的、能够与其他元素和谐共处的新型管理模式，与此同时，企业财务战略也必须随之而变。其转变方向之一就是要聚焦提升企业组织的附加值，突出以数据为基础的管理模式，不仅实现财务管理战略的更加合理化和科学化，更是为了增强企业竞争力和提高企业管理效率。

（一）财会一体化阶段

从中华人民共和国成立开始到 20 世纪 70 年代末，财务与会计并没有那么显著的分离，即所谓的财会一体。事实上，在这个过程中，会计对处于计划经济时期的中国来说是更为重要的。

这个阶段，财务管理实际上更多的是服务于内部控制和成本管理。一方面，要保证不出现经济问题，需要针对资金和资产安全投入必要的管理；另一方面，需要从降低成本上获取管理业绩。事实上在这个阶段，不少企业的成本管理还是有可圈可点之处的。

（二）专业分离阶段

所谓合久必分，经历了30年的财会一体后，随着改革开放的到来，企业经营目标发生了很大的改变。随着市场经济的确立，企业更多地关注自身的经营结果，也就是怎么赚钱的事情。在这一背景下，财务的地位发生了一些改变，从一个单纯"管家婆"的身份，转变为一个对内能当好家、对外能做参谋的新身份。同时，财务组织也发生了变化，一个典型的特征是在20世纪80年代的10年中，财务管理作为一门独立的学科被分离出来，而企业也逐渐完成了财务管理部和会计部的分设。这样的好处是专业的人做专业的事情。财务管理范畴也逐步涵盖了越来越多的东西，如预算管理、成本管理、绩效管理等，会计则涵盖了核算、报告、税务等内容。在后期，另一个专业领域也被不少大公司分离出来，即资金管理。我们可以看到很多企业在财务管理部和会计部以外都设置了资金部。

（三）中级阶段：战略、专业、共享、业财四分离阶段

20世纪90年代开始到2015年这段时期，是财务领域快速创新、积极变革的阶段，所以说这个阶段还是很有技术含量的。实际上，战略、专业、共享、业财四分离这个概念最早是咨询公司从国外引入并流行起来的。

当时，市面上流行的说法中还有一个三分离的概念，这个概念没有将专业财务与战略财务分离，统称为战略财务。战略财务和专业财务还是有一定差异性的，分离后更为清晰。战略财务主要聚焦集团或总部的经营分析、考核、预算、成本管理等领域，专业财务则聚焦会计报告、税务、资金等内容。

财务共享是会计运营的大工厂，而业务财务则是承接战略财务和专业财务在业务部门落地的地面部队，战略、专业、共享、业财四分离的出现使得财务的格局上升了一个层次。应该说，目前国内大中型企业的财务建设基本上都是按照这种模式来的，并且取得了不错的成效。

（四）高级阶段：外延扩展阶段

高级阶段的财务组织，简单说起来就是发展到一定阶段，闲不住了，开始"折腾"起来，这也是与当下技术与概念日新月异的社会环境相匹配的。从这个角度来看，财务人并没有想象中的那么保守，反而具有一定的自我突破的决心。高级阶段在前面四分离的基础上进一步扩展了财务工作内涵的外延，称之为外延扩展阶段。

到了高级阶段，就需要有一点创新能力了。整个社会的技术进步也在加速，移动互联网到了后期，人工智能开始起步，大数据概念普及，套装软件厂商开始迫不及待地布局云服务。财务，仅仅抱着旁观态度显然是不够的。

高级阶段，战略财务开始研究如何使用大数据来进行经营分析，有些企业在财务

体系中分化出数据管理部或者数据中心。专业财务对管理会计的重视日趋加强，管理会计团队在财务组织中出现独立趋势。业务财务就更加多元化，并且不同企业的做法也不尽相同，有的企业基于价值链配置业务财务，有的企业则基于渠道配置业务财务。财务共享服务中心在步入成熟期后，开始向深度服务或对外服务转型，如构建企业商旅服务中心、承接服务外包业务、提供数据支持服务等，同时基于机器作业的智能化应用也在财务共享服务中心出现。另一项工作——财务信息化，在财务组织中也日趋重要，少数企业已经成立独立的财务信息化部门。随着智能时代的到来，财务信息化部门进一步演化出财务智能化团队，负责推动整个财务组织在智能化道路上前行。

二、柔性管理

传统管理的刚性并不局限在科学管理这一领域，在现实的管理工作中到处都有刚性的影子，如组织中森严的管理层级、制度中可能隐藏的简单粗暴、流程中缺少变通的执行方式、信息系统中难以改变的架构等，这些都无时无刻不在影响着企业的发展。在财务领域，这种刚性的影响同样不可小觑。

谈到财务管理，在非常长的时期内，大家似乎都更愿意使用刚性思维来对待。一方面，财务本身在不断进行所谓严谨、管控、规则化的自我暗示；另一方面，财务人员长期以来就生活在各种条条框框里，从准则到各类监管制度，以及发票、单证，处处充斥着刚性的氛围，可以说是一种过刚的状态。这种状态会逐渐束缚财务人员的创造力，并且在今天商业环境已经改变、商业模式日新月异的情况下，他们会感觉难以适应。

大数据时代的到来，释放出要求财务管理进行自我改变的强烈信号，也给我们创造了一个改变的机会。

（一）柔性的财务组织架构

传统的财务组织通常是层次化的树状组织形式，在最顶层设有集团财务总监，下设几个专业部门，部门下再设相关科室，到了下属的业务单元或者子公司，又有业务单元或者子公司的总部财务，同样对口集团再设置相应的专业部门，再往下，到了分支机构，有机构大小、设置数量不等的财务相关部门，但具体岗位也是向上匹配的。这种组织配置方式就带有典型的刚性。

采用这种组织形式的好处是能够在条线上快速地完成指令下达，并在某个专业领域产生高效的上下协同。但采用这种模式最大的弊端是横向协作困难，并对变革和创新产生比较大的组织阻力。形象地看，这种模式也被称为"烟囱式"的财务组织架构。此外，它还存在另一种刚性。尽管我们说横向协同有问题，但在任何一个层级又有其统一的负责人（CFO或者财务经理），这些横向负责人又会造成跨层级之间的协同问题，使得原本垂直的刚性管理又遇到横向的钢板。财务负责人对其横向业务领导紧密的汇报关系更加剧了这种横向钢板带来的阻力。

在组织体系中建立柔性，打破横纵钢板交织的牢笼，将会带来更大的管理价值。那么如何打造柔性组织呢？我们可以针对以下面展开探讨。

1. 尝试扁平化的组织形态

对于财务来说，往往在一个法人主体上会产生多个管理层级，如链条"CFO—财务各部门总经理—部门副总经理—办公室经理—员工"，已经产生了五个管理层级。适度的扁平化可以考虑简化一些层级，从而提升组织的运转效率。每多一个管理层级，就会多一层纵向之间的钢板夹层。从提升效率的角度出发，这种去钢板的变革应当自下而上地进行，应当适度增加中高层的管理跨度。

2. 创建柔性的财务组织文化

在财务组织的文化建设方面可以考虑引入柔性管理的思想，从而加强团队文化的包容性和灵活性。组织文化大致可以分为团队文化、偶发文化、市场文化和层级文化。

对于传统的财务组织来说，应更多地注重层级文化的建设。这种组织文化往往对于稳定性和控制性的要求显著高于灵活性的要求。这也是与财务组织长期以来的稳健特征相符合的。

但是如上文所说，我们有必要建立适当的组织文化柔性，而团队文化、偶发文化和市场文化都更具有柔性的特征。可以在财务组织中适当地增加这三种文化的比重。当然，保持必要的层级文化也是符合财务管理特点的。

（1）团队文化

这种文化类型下的组织类似于一个家庭，团队文化鼓励家庭成员之间相互合作，通过共识和相互传递正向能量，带动组织凝聚力的提升，从而发挥出更好的组织效用。对财务来说，这种文化往往可以在一些关键时刻去构建，如在年报期间、财务系统建设期间都很容易构建这样的团队文化。

（2）偶发文化

这是一种注重灵活性的冒险文化，强调的是创造力的构建，以及对外部环境变化的快速响应。它鼓励员工尝试使用新方法甚至冒险去完成工作。这种文化在部分财务领域并不适合，如会计核算、报告、税务、资金结算等，这些追求安全性的领域并不能让冒险文化成为主导。但是，在一些需要突破创新的领域，如创新型财务流程和系统的建立、融资等领域还是需要具备一定的创新能力的。因此，偶发文化可以作为财务组织文化的补充。

（3）市场文化

这是一种鼓励内部竞争的文化，它对效益的关注超出了对员工满意度的重视，这种文化形态更像一种商业行为。对于财务领域来说，财务共享服务中心最容易形成这样的文化氛围。适度的市场文化在标准化的财务作业领域能够有效地提高员工的工作效率，但这也是我们前面所谈到的另一种刚性，不宜过度，否则将在财务共享运营层面造成过于刚性的影响。反而，在非财务共享领域，更需要加强市场文化的引入，以驱动财务管理人员爆发出更强的战斗力。

从以上分析可以看到，未来柔性的财务组织文化应当在层级文化的基础上更多地引入团队文化和市场文化，并将偶发文化作为必要的补充，形成丰富、立体的柔性财务组织文化体系。

（二）柔性的财务战略管控

柔性管理在财务领域的另一个应用是财务战略管控。谈到战略管控，不少企业的做法是通过协商后制定战略目标，但战略目标一旦制定后就很少进行动态调整，造成了战略管控的刚性。预算管理也存在类似的问题，预算缺乏灵活调整，难以适应市场环境的变化，带来资源配置的刚性。因此，柔性的财务战略管控可以从绩效目标管理和全面预算管理两个视角来提升其管理柔性。

首先，绩效目标管理。在传统的目标管理中，财务部门主要根据企业战略进行目标设定、下达及跟踪考核。在这个过程中，目标需经过管理层、业务单位以及财务的沟通协商后进行制定，但往往季度、半年甚至全年都不进行调整，同时目标的制定往往只关注自身进步，以财务目标为中心，因此可以将这种模式简单地归纳为仅仅和自己比。这是一种带有刚性色彩的目标管理。

在柔性管理思想下，关于目标的制定和考核应当更多地关注其他维度，除了和自己比以外，还需要考虑和市场比以及和竞争对手比。通常，要设置具有挑战性的目标，可以考虑要求业务部门的绩效超出市场的平均水平，并且超出主要竞争对手的水平。当然，这是针对在行业中本身位于第一梯队的企业而言的，不同梯队的财务可以设定差异化的目标，但核心在于视角的打开和柔性化。另外，目标设定后不能一成不变，应当在全年中不断调整，不仅仅是固定时间节点的调整，市场中重大事件的发生、竞争格局或竞争环境的突然改变等都应当触发目标的即时调整。在目标管理上，应当兼顾财务目标与非财务目标，并具有更为主动的战略敏感性。

其次，全面预算管理。传统的全面预算管理往往以年度为周期，基于年度循环来进行资源配置，部分企业将年度预算简单地除以 12 分配到每个月中；在资源配置的过程中，往往也并不适用于全面的预算编制动因，使得预算编制结果与业务实际缺乏关联性；在预算编制完成后，又较少展开预算调整，使得预算和实际情况的偏离越来越严重。

在柔性管理模式下，资源配置应当具备更加细化的时间颗粒和维度颗粒，需充分考虑不同时间周期内业务经营的实际特点，进行差异化资源配置，同时结合更多的业务实际，向作业预算的方向进行深化和努力。当然，柔性资源配置的背后还有成本和效率的约束。在当前相对刚性的资源配置模式下，很多企业的预算要到三四月才能完成，并且在编制过程中沟通成本高昂，向柔性管理的进一步迈进可能增加更多的成本。

（三）柔性的财务共享运营

传统的财务共享服务运营模式是典型的以制度为中介，对人的行为和组织的目标进行约束匹配的模式。这种运营模式更多的是一种刚性思维。对于刚性运营来说，它需要稳定、统一以及可以预测的业务需求；同时在业务加工过程中，以规模经济为基础，进行同类业务的大批量作业，强调统一性和标准化，在作业完成后要进行质量测试。财务共享服务中心的员工仅需完成单一作业，在管理中要求尽量减少工作差异，没有或者很少进行在职培训。

可以看到，刚性运营能够享受规模效应、效率提升带来的成本优势。但在实践中，越来越多的企业管理者对财务共享服务中心的要求在不断提高，他们希望财务共享服务中心能够有更多的灵活性，能够应对更为多样和复杂的业务场景。这本身也是财务共享服务中心管理者所不断追求的。

财务共享服务中心的刚性是与生俱来的，也是不可或缺的，这是其安身立命之本。但财务共享服务中心的管理者必须意识到未来的趋势是刚柔并济，柔性运营的思维和能力已经到了启动建设的时候。直观地说，刚性思维是一套直线式的生产线，而柔性思维模式则允许我们在这条直线上将差异性分流处理，同时允许员工在生产线上进行多流程环节处理，通过组织的柔性、技术的柔性、流程的柔性带来财务运营的多种可能。

（四）柔性的财务信息系统

对于财务管理来说，其非常重要的一点就是需将财务信息系统的刚性束缚打破，构建柔性的财务信息系统。

由于我国的信息化发展历程过于迅速，对于很多企业来说，在还没有看明白的时候，技术已经更新，管理又出现了新的要求，财务信息化的建设都是在不断打补丁的过程中完成的。这样的系统建设路径使得多数企业的财务信息系统缺少规划，也根本谈不上柔性。对于这些企业来说，一个很大的问题就在于当业务需求发生改变时，现有的信息系统调整困难，甚至存在大量复杂的后台业务逻辑无人清楚，使得新需求可能带来的影响无人能够清晰评估，并最终导致系统无法改动。

因此在这种情况下，财务信息系统的刚性是具有极大的危害性的。改变这种局面，事实上并不容易，需要从以下几个方面共同努力：

首先，改变信息系统建设的观念和节奏，从打补丁的建设方式改变为先做规划和架构设计再开工建设。有些企业在系统建设的前期舍不得投入资金展开规划设计，导致产生高昂的后期返工和维护成本。在柔性管理思路下，建议在系统建设前期充分调研市场需求，多看市场成熟产品，必要时引入专业人士或者咨询公司来进行架构和需求设计，打好地基的投入看起来是刚性，但最终将给未来带来更多的柔性。

其次，在财务信息系统的架构设计中应当充分考虑产品化的思路。有的企业认为业务没那么复杂，没必要搞所谓的产品化、可配置化，IT人员只要用代码把规则写出来，流程跑通就可以了。但实际情况是，这些企业从一开始就给自己戴上了沉重的刚性枷锁。不少企业实际上都是在自己也没有想到的情况下快速发展膨胀起来的，这个时候除了推倒重来，真的很难找到更好的方法。当然，对于一些初创型企业，如果自身没有充足的资金进行复杂系统的开发和建设，不妨考虑选择第三方产品，甚至是云计算产品，在低成本模式下保留自身的柔性。

对于那些已经带上刚性枷锁的企业来说，这条路已经走得很远了，要想改变并不容易。找到合适的时机，对系统进行一次全面的再造是由刚入柔的可能方式。这种契机往往出现在企业经营业绩很好、能够投入充足预算的时期，如果结合技术的大发展、大进步，则更容易实现柔性管理。

我们在上述内容中讨论了管理的"刚与柔"，并探讨了财务需要考虑引入柔性管理思想的五种场景。大数据时代，适度加强企业的柔性管理能力有益于企业健康发展。最佳的境界是做到刚柔并济，发挥"刚与柔"的和谐之美。

三、大数据时代商业模式创新

大数据时代，在企业价值链不断延伸的同时，企业应向更符合客户需求的方向发展，企业盈利一定要依靠为客户提供更多的价值来实现。大数据时代不仅为企业财务战略的执行奠定了客观基础，还促使企业进行商业模式创新，让客户更愿意参与企业的改变和创新中，在不断创新中与客户携手享受大数据带来的便利，让企业得到更多的利益，让客户享受到更多的实惠，实现企业的良性循环，让客户需求得到最大程度的满足。

（一）大数据给商业模式创新带来的机遇

大数据时代，企业商业模式变革将围绕大数据的获取、存储、分析、使用等过程展开。如何有效开发和利用以海量、高速和多样性为特征的大数据，成为企业商业模式变革的关键。在商业模式中利用数据的方式主要有三种：一是将数据作为一种竞争优势，二是利用数据改进现有的产品和服务，三是将数据作为产品本身。当大数据被正确使用时，企业可对诸多活动产生新的洞察力，发现运营活动中的障碍以促使供应链合理化，并通过更好地理解客户以便开发新的产品、服务和商业模式。在整个行业中，率先使用大数据的企业将会创造新的运营效率、新的收入流、差异化的竞争优势和全新的商业模式。商业模式涉及企业与客户、供应商及其他商业合作伙伴之间的商业合作关系，并由此给企业带来盈利机会和盈利空间。随着经济全球化、一体化、信息化、市场化和生态化不断加深，传统的商业模式面临着巨大的挑战，企业对于商业模式的创新势在必行。

只有在市场中为具有不同需求特点的客户提供满足其个性需求的产品和服务，才能够给企业创造更大价值。商业模式创新意味着改变要素内涵及要素间的关系。基于大数据背景，从价值主张、企业界面、客户界面和盈利模式四个方面变革商业模式。结合大数据情境，关键资源和关键活动这两个关键要素具有六大特征，即免费可得数据、客户提供数据、追溯／生成数据、数据聚集、数据分析、数据生成。大数据是一项重大的管理变革，不仅催生了许多基于大数据的新创企业的出现，也动摇了现有企业的价值创造逻辑。

大数据时代，由于生产方式的变化，企业获取利润的条件和空间都随之发生了变化。企业可以近似精确地了解市场主体的消费需求和习惯，能够预测客户的需求及变化，甚至做到比客户更了解他们的需求，将促进企业在提供标准化服务的基础上创造个性化的新附加值，这是大数据时代企业利润最重要的源泉。

（二）大数据时代下商业模式创新的特点

大数据背景下商业模式的创新，综合来讲有以下两个特点：

一是大数据基础之上的商业模式创新更注重从客户的角度出发看问题，视角更为宽泛，具有着重考虑为客户创造相应价值的特点。同时，商业模式创新即使涉及技术，也多与技术的经济方面因素、与技术所蕴含的经济价值及经济可行性有关，而不是纯粹的技术特点。

二是大数据基础上的商业模式创新更为系统，不受单一因素的影响。它的改变通常是大量数据分析的结果，需要企业做出大的调整。它是一种集成创新，包含公益、产品及组织等多方面的改变和创新，如果是某一方面的创新，则不构成模式创新，而是单一方面的技术或其他创新。

（三）大数据时代的商业模式创新机制

战略决策是战略管理中极为重要的环节，它决定着企业的经营成败，关系到企业的生存和发展。在动态、不确定的环境下快速制定正确的战略决策，确保企业获取竞争优势，仅凭决策者的学识、经验、直觉、判断力、个人偏好等主观行为进行决策则是远远不够的，还要依赖大量来自企业外部的数据资源。数据是所有管理决策的基础，基于数据的决策分析能实现对客户的深入了解和企业竞争力的提升。因此，大数据环境下的企业战略决策不仅是一门技术，更是一种全新的商业模式。

利用大数据对商业模式进行分析的过程，就是利用大数据对现有的繁杂信息进行二次处理的过程。产品（或价值主张）、目标客户、供应链（或伙伴关系）以及成本与收益模式是商业模式的核心构成要素。针对商业模式中的市场提供、企业、客户和盈利模式四个界面，其创新框架机理是从价值和战略两个维度思量的。在价值维度，商业模式的创新就是企业对自身所处价值系统的不同环节直接的调整或者整合。大数据能够对价值发现、价值实现、价值创造三个阶段产生直接影响，从而引发商业模式创新。

商业模式是战略的具体反映，战略是商业模式的组成部分，商业模式和企业战略形成互补关系。企业战略是商业模式的具体实施，阐释了商业模式应用市场的方式，并以此区别竞争对手。利用大数据技术可以对现有数据进行重组和整合，根据大数据的实际运用价值，对企业战略及其价值系统进行改造和调整。

第二节　财务管理技术与方法创新

大数据时代为企业带来了信息大变革，企业拥有海量的交易数据、运营数据、财务管理数据以及供应商数据等，这些数据当中隐含着难以计算的信息资源。因此在大数据时代，大数据分析对于企业的发展起到越来越重要的作用，同时对企业财务管理技术与方法的创新也有一定的引导作用。在当前激烈的市场竞争下，企业财务数据成为企业竞争所掌控的重要资源，大数据时代的变革，为财务管理技术和方法的创新提供了必要的平台。通过大数据时代财务管理技术与方法的创新，我们可以时时追踪企业的最新状态，为客户量身定制针对性强的个性化方案，实时接收客户对企业的评价，并及时针对企业的问题进行优化改良，使企业在健康的内外部环境下，灵活调配财务资源，使企业在市场竞争中创造更多的机遇，带来更大的商业价值。

一、大数据时代筹资方式集群创新

大数据时代的筹资，其数量和质量成为企业首先需要关注的两个基本因素，也是最重要的方面。企业在保证资金量充足的同时，要保证资金来源的稳定和持续，同时尽可能地降低资金筹集的成本。这一环节，降低筹资成本和控制筹资风险成为主要任务。根据总的企业发展战略，合理拓展筹资渠道、提供最佳的资金进行资源配置、综合计算筹资方式的最佳搭配组合，则是这一战略的终极目标。

大数据时代使得企业的筹资与业务经营全面整合，业务经营本身就隐含着财务筹资。大数据与金融行业的结合产生了互联网金融这一产业，从中小企业角度而言，其匹配资金供需的效率要远远高于传统金融机构。

集群供应网络是指各种资源供应链为满足相应主体运行而形成的相互交错、错综复杂的集群网络结构。随着供应链内部技术扩散和运营模式被复制，各条供应链相对独立的局面被打破，供应链为吸收资金、技术、信息以确保市场地位，将在特定产业领域、地理上与相互联系的行为主体（主要是金融机构、政府、研究机构、中介机构等）建立一种稳定、正式或非正式的协作关系。集群供应网络筹资就是基于集群供应网络关系、多主体建立集团或联盟、合力解决筹资难问题的一种筹资创新模式。其主要方式有集合债券、集群担保筹资、团体贷款和股权联结等，这些方式的资金主要来源于企业外部。大数据可以有效地为风险评估、风险监控等提供信息支持，同时通过海量的物流、商流、信息流、资金流数据挖掘分析，人们能够成功找到大量筹资互补匹配单位，通过供应链金融、担保、互保等方式重新进行信用分配，并产生信用增级，从而降低筹资风险。

从本质上讲，大数据与集群筹资为筹资企业提供了信用附加，该过程是将集群内非正式（无合约约束）或正式（有合约约束）资本转化为商业信用，然后进一步转化成银行信用甚至国家信用的过程。大数据蕴含的海量信息颠覆了金融行业赖以生存的信息不对称格局，传统金融发展格局很可能被颠覆。

传统一对一的筹资受企业内部资本的约束，企业虽然有着大量外部协同资本，但由于外部人的信息不对称关系，这部分资本因无法识别而被忽略，导致了如科技型中小企业的筹资难等问题。通过大数据的"在线"及"动态监测"，企业能够有效识别和利用集群供应网络中的大量协同资本，可以对其进行有效监测并将之转化成企业金融资本。互联网金融创新正是基于一种集群协同环境的大数据金融资本挖掘与识别的过程，这实际上构建了一种全新的集群筹资创新格局。集群式企业关系是企业资本高效运作的体现，大数据发展下的集群筹资创新让群内企业有了更丰富的金融资源保障，并继续激发产业集群强大的生命力和活力，这是一种独特的金融资本协同创新环境。根据大数据来源与使用过程，大数据背景下的集群筹资可以总结为三种基本模式，分别是"自组织型"的大数据集群筹资模式、"链主约束型"的大数据集群筹资模式以及"多核协作型"的大数据集群筹资模式。

二、大数据时代财务报告创新

财务报告是企业财务的最终产品，通过财务报告能够有效地获取企业财务状况、经营成果、现金流量、股东权益变动等信息，帮助信息使用者做出正确的决策。随着大数据时代的深入，很多企业转型发展、改革和重组，大大提高了经营效益，改变了经营模式，因此传统的财务报告难以满足使用者快速变化的信息需求。目前，企业应该认识到大数据时代传统财务报告受到重大挑战，必须深化改革传统财务报告模式，重新审视财务报告的内容和流程，构建一种全新的适应大数据时代发展的财务报告模式。

（一）大数据时代传统财务报告模式面临的挑战

传统财务报告模式采用的是分期报告模式，分为年报和中报，以"四表一注"为主干，其中，"四表"主要是指资产负债表、利润表、现金流量表和股东权益变动表，"一注"指的是财务报表附注。该种报告模式能够对企业资产、负债、利润和现金流量等财务信息进行确认并有效地反映经济信息，发挥监督作用。但是，随着大数据时代的到来，人们对于财务信息的需求发生了重大变化，传统的财务报告模式受到巨大冲击。

1. 网络空间财务主体的多元化和不确定性

大数据时代，出现了大量的网络公司或者运用互联网平台重新构建产业链的企业。在网络空间，企业经营业务灵活多变，因此网络里的虚拟公司业务随时产生，但随着业务的完成，虚拟公司也能随时消灭，传统财务报告模式基于持续经营的假设，无法适应这种快速短暂的经营活动，使得传统的财务报告不能适应大数据时代的经济发展需求。

2. 大数据时代企业的周期变化

传统的财务报告是基于企业持续经营的基础，但是互联网不仅加快了信息传播的速度，还缩短了企业的生产周期，加剧了企业经营活动的风险。在此种情况下，企业的利益相关者需要及时了解企业相关经营状况，随时掌握有助于他们做出决策的信息，因此传统的基于财务分期而进行的定期编制的财务报表无法跟上时代发展的要求。

3. 大数据时代财务信息的范围变化

随着互联网技术的发展，人类进入网络经济时代，信息使用者们需要获取企业更多的信息，但由于传统财务报告模式单一地使用货币计量下的财务信息，无法满足时代发展的需要。信息使用者期待通过财务报告获取更多有利的信息，既包括货币信息，也包括非货币信息，为他们的决策提供重要的参考，如企业外部环境、企业人力信息、企业地理环境等。

因此，大数据时代的财务报告需要改善计量手段，扩充财务报告的信息容量，不断增加非货币信息，为信息使用者们提供更加全面系统的财务信息。

4. 大数据时代财务信息的及时性要求

财务价值是基于信息用户能及时获得财务信息的假设而言的，如果财务信息获取不及时，那么财务信息也就没有价值可言。传统的财务报告模式主要是以中报、年报的形式提供财务信息，因此信息披露呈现间断性。互联网时代，企业经营互动连续性不断增强，网络空间的经济交易更加容易产生，因此交易活动的不断产生也促使财务信息连续不断地产生。随着互联网技术的发展，传统财务信息的及时性遭受严重打击，无法满足信息用户的需求。

（二）大数据时代财务报告创新路径

1. 建设网上实时财务报告系统

大数据时代，财务信息的集成难度不断增大。因此，企业应通过建设网上实时财务报告系统，建立企业的财务信息门户、财务信息中心、财务报表平台，实现财务信息的及时性、全面性、多样性，同时实现信息分析的便利性，并及时进行财务信息记录、更新等。

2. 构建交互式按需财务报告模式

大数据时代，信息使用者的需求呈现多样化和共同性特征，通过网络系统构建交互式按需财务报告模式能够实现多种信息需求。交互式按需报告模式是向决策者适时地提供已按需编制好的或可按需加工的财务信息，旨在通过提供按需求编制的财务报告来满足不同使用者多样化的信息需求。交互式按需财务报告模式具备大数据时代下的灵活性特征，通过建设数据库和建立模块化的财务会计程序，通过报告生成器和系统反馈渠道，能够实现信息使用者和财务报告单位之间双向、快速、直接的沟通，共同完成实时报告，信息使用者积极主动地向报告单位提出改进建议，能有效地改善信息不对称的状况。

3. 加强网络财务报告模式的风险防控

大数据时代，企业通过建立财务信息系统，实现财务报告实施系统，共享财务信息资源，实现交互式按需财务报告模式，但网络财务报告在网络空间的风险不可避免，如财务信息的泄密和网上黑客的攻击等。因此，企业应该注重网络财务报告模式的风险防控，不断提高网络财务信息系统的安全防范能力。企业可以建立用户身份验证及权限管理控制制度、系统管理多重控制制度、业务申请处理流程控制制度、预算管理流程控制制度、内控制度实施情况的审计和检查制度等，适时采用防火墙技术、网络防毒、信息加密存储通信、身份认证、数字签名技术、隧道技术等措施进行风险防控。

总之，互联网在财务报告制度中的作用日益凸显，更多的财务管理软件被运用于企业财务管理当中，加速了财务报告模式的深度改革和创新。

大数据时代，传统的财务报告模式将逐渐消失，网络化的财务报告模式应运而生。因此，财务人员需要形成终身学习理念，主动学习新型财务报告编制技能，构建计算机和财务知识相互融合的知识体系，以满足大数据时代的财务报告模式需求。

第三节 财务管理内部控制创新

一、加强企业内部财务管理与内部控制的原则

（一）合法性原则

企业财务管理应遵循法律、法规和规章制度。

（二）适用性原则

企业财务管理应适合本企业的组织形式和管理特点，并根据内外部环境的发展变化及时调整和完善。

（三）制度性原则

有关规定和措施应予制度化、条文化，并经过一定的程序发布实施，具备规范和约束效力，不得随意修改、变更。

（四）全面性原则

企业财务管理应全面规范和完善企业法人治理结构各个层次以及经营管理各部门、财务管理各环节的财务权责和财务活动，找准关键控制点，进行有效管理和控制。

（五）权责性原则

企业合理设置机构、岗位，明确各自权责，并做到不同机构和岗位之间权责分明、相互制约、相互监督。

二、建立科学完善的内部财务管理与控制体制

企业内部财务管理与控制体制是企业通过对与财务事项相关的机构设置、人员安排、权限责任的规范而形成的各责任主体间相互制衡的一种制度安排，是企业内部财务管理与控制的首要环节。企业应根据自身组织形式和生产经营特点，按内部财务管理目标及成本相适应的原则，建立科学完善的财务管理与控制体制，实现企业信息流、物资流、资金流管理控制的有机统一。

（一）组织结构

公司制企业应在法人治理结构、管理机构和财务管理部门中建立健全内部财务管

理与控制组织结构，其他企业可按各自的组织形式特点建立健全内部财务管理与控制组织结构。

董事会审议决定企业内部财务管理与控制制度和重大财务事业，对股东代表大会或出资人代表机构负责；董事会可逐步设立一定数量的独立董事，其中包括财会专业人士；董事长对本企业的财务管理与控制工作总体负责，领导本企业的财务管理与控制工作，对会计资料的真实性、完整性负责。规模较大、经济业务复杂的企业，可在董事会内设置财务委员会、预算管理委员会和审计委员会，委员会为董事会行使财务管理与控制职能提供决策依据并对董事会负责。监事会负责对董事会和经理层履行财务管理与控制职责的行为进行监督。

总经理组织拟定并实施企业内部财务管理与控制制度，对董事会负责；国有和国有资产占控股地位或主导地位的大中型企业必须设置总会计师，其他大中型企业应当设置总会计师或指定专门的副总经理负责财务管理与控制工作，总会计师在总经理的领导下，全面统筹企业财务管理与控制工作，协调组织各职能部门、基层单位与财务部门在企业财务管理与控制中的各种财务关系，研究解决财务管理与控制方面的有关问题。

财务部门是企业财务管理与控制的主要职能部门，具体组织实施本企业的财务管理与控制工作，拟定企业财务管理与控制办法，在其他职能部门配合下完成企业财务管理与控制工作。财务部门应在搞好会计核算的基础上，进一步强化财务管理与控制的职能。各企业可根据实际需要，设置和调整财务机构及其职能。

其他职能部门配合财务部门，将财务管理与控制制度落实到基层单位。各基层单位根据企业财务管理与控制要求，组织好本单位财务管理与控制工作。

（二）财务人员的管理

1. 财务负责人的管理

企业财务负责人由总经理提名，报董事会批准后任免。集团母公司对下属单位，包括集团所属的境内外所有企业、全资子公司、控股子公司及其他单位的财务负责人可实行统一委派制度，对所委派人员的工作情况实施监督、检查及奖惩。财务负责人根据确定的职责和权限开展工作。

2. 一般财务人员的管理

一般财务人员，业务上由企业总部财务部门统一领导，行政上根据企业规模和地域分布状况由总部财务部门确定统一管理或分级管理。集团财务部门制定整个集团财务人员任职资格、岗位设置、竞争机制、奖惩、继续教育等统一政策；分级管理单位根据企业总部统一政策，负责对本单位财务人员的管理，财务人员对所在单位负责人负责并对企业总部财务部门负责。

（三）内部牵制机制

1.职务牵制

一般情况下，处理每项经济业务的全过程，或者在全过程的某几个重要环节都应规定由两个部门或两个以上部门、两名或两名以上工作人员分工负责。企业应实行严格的职务分工分离制度：授权批准职务与执行业务职务相分离；业务经办职务与审核监督职务相分离；业务经办职务与会计记录职务相分离；财产保管职务与会计记录职务相分离；业务经办职务与财产保管职务相分离。

2.授权批准

企业应制定严密的授权控制制度，所有经营活动都应纳入授权管理范围。合理确定授权批准的层次，保证各管理层权责分明；明确授权批准的责任，避免授权责任不清；严格规定授权批准程序，按程序办理审批，避免越级审批、违规审批情况的发生。

3.岗位界定和岗位轮换

企业应建立和完善财务管理控制岗位责任制，工作岗位的设置都应有相应的书面规定，其内容包括岗位内容、岗位职责、岗位上下关系和岗位任职条件等。企业重要财务工作岗位应定期或不定期进行轮换。

4.回避制度

企业重要职位和内部财务管理与控制关键岗位应实行回避制度，包括亲属关系回避和工作回避。

三、财务会计内部控制创新的路径

完善的财务会计内部控制体系是企业资产安全和真实的保障，有效的财务管理能够提高企业市场竞争力，促进企业经营战略目标的实现。企业经济发展核心是围绕资产和信息资源开展的，虽然大部分企业管理人员能够认识到企业财务管理及内部控制机制对于企业经济效益有着直接影响，认识到只有良性的财务会计工作循环才能使企业经济效益得以提高并保障企业长期发展，但是实际上并没有真正落实好此项工作。

（一）企业会计的财务管理及内部控制机制

会计财务工作是企业内部控制的重点，完善的企业会计财务管理及内部控制机制应当受制于控制原理、方针和流程，从而保障企业日常经营管理活动的有序进行。会计财务管理与内部控制水平将直接影响企业发展程度。因此，企业应当立足于自身需求，从实际情况出发，开展有效的财务管理工作。这样不仅能够保障企业取得最大化的经济效益，还能够摆脱生产经营活动的制约，尽可能地规避财务危机。

（二）应重视企业会计的财务管理及内部控制机制的有效性

资金是企业经济效益的直观体现。随着经济的发展，越来越多的人选择自主创业，有限的资源、短缺的人才成为企业创业初期遇到的最大困难，为了整合资源，有些企业会将财务管理工作与其他岗位工作合二为一，但是这种行为会造成企业运作的混乱，信息衔接不紧密，无法确保资金的正常流动，表面看似为企业节约资源，实则会造成不必要的资金浪费，阻碍企业的生存与发展。为了确保企业日常经营活动的顺利开展，使资源得到充分利用，降低经营成本，企业应当重视财务管理工作的有效性，使企业经营活动能够以真实准确的会计信息反映出来，帮助企业进行科学决策，促使企业健康持续发展。

四、改善企业财务会计内部控制机制的创新措施

（一）以科学创新为奠基，正确认识管理控制制度的重要性

正确的管理理念是引导企业平稳发展的主要因素，企业管理人员不仅要以身作则，遵守企业规章制度，还应根据企业实际情况，不断完善和优化企业财务管理及内部控制机制，督促财务管理人员严格按照制度对企业经济行为进行监督和检查，在潜移默化中让大家意识到管理控制制度对于企业良性发展的重要性，确保企业能够获得最大的经济效益。

（二）加强管理财务审核工作

企业发展是企业生存的价值体现，也是企业不断追求的目标。为了营造一个良好的生产经营环境，企业必须不断加强财务审核管理工作，使财务管理与企业日常工作相融合，环环相扣，及时发现并解决财务工作中的不足之处。有效的财务审核不仅仅是发现企业财务活动中的漏洞，而且还应该发挥预警作用，时刻警示或提醒工作人员要客观正直，让各岗位工作人员能够明确自己的职责和权限。这样一方面可以为企业合法经营奠定基础，提升企业发展后劲；另一方面也使得企业的财务管理水平得以提升。

（三）加强财会人员综合素质的培养

企业应当经常组织财会人员学习培训，以巩固和更新财会人员的专业技能和综合素养，使他们能够更加高效地完成本职工作，同时还能利用专业为企业创造更多的价值。比如，企业可以针对自身需求，与当地高校合作，针对性地培养适合本企业发展的专业财会人员，他们经过考核后，择优录取，这样不仅能够满足企业需求、解决学生就业问题，也能够使学生更快更好地适应现代企业的发展要求。再者，薪资待遇是

促进员工积极工作的原动力，如果他们消极对待工作，那么十有八九是对薪资待遇不满。企业管理人员在不违背企业发展战略的情况下，可以适当地设置奖惩措施，奖励工作认真负责的员工，不仅能够调动员工工作热情，而且还能增强他们的责任感。

　　企业发展必然离不开财务管理及内部控制，它对企业的重要性不言而喻，虽然此项工作开展起来并不是那么顺畅，但机遇与挑战是并存的。对于财务管理和内部控制方面的工作越重视，企业就越能及时发现问题并做出正确的调整，这对企业健康持续发展也是一种规范性的保障。

第八章　信息化背景下财务管理转型与优化

第一节　财务管理信息化制度建设

一、企业财务管理信息化制度概述

（一）财务管理信息化制度概述

财务管理信息化制度是构成企业财务管理制度的重要组成部分，是确保财务管理信息化工作有序开展的制度保障，严格执行财务管理信息化制度是顺利完成财务管理信息化工作的前提，是强化企业财务基础工作的重要手段。良好的财务管理信息化制度体现在拥有完善的财务规范体系、良好的财务组织机构与规范的财务行为、完善的财务控制制度、高效的财务工作效率以及良好的财务工作质量。

1. 完善的财务规范体系

财务规范体系是指通过国家相关法律法规及企业内部各项规章制度组成的对企业财务行为进行指导和约束的有机整体。财务制度是构成财务规范体系的重要内容之一，良好的财务制度是进一步完善财务规范体系的基础。

财务制度的建立要以国家财务法律法规为依据，并能将法律法规的普遍指导作用与企业具体财务活动相结合，使法律法规的普遍性指导意义更加具体化、形象化。换言之，财务制度的建立需在企业内确保国家财务法律法规的贯彻和执行。

2. 建立完善的财务组织机构，规范企业财务行为

财务机构由企业内部直接从事财务工作的职能部门及相关组织构成。财务人员与财务机构在很大程度上决定了企业行为是否规范与合理。财务组织机构是建立财务信息化制度的基础，完善、严密的财务组织机构也为财务制度的制定与执行提供了组织上的保障，能够更好地规范企业财务行为。财务信息化制度详细地规定了企业财务工作的行为规范，财务信息化制度的建设也为财务组织机构的优化起到促进作用。

3. 完善的财务控制制度，加强财务控制

财务控制制度是指企业中涉及资产、物资、货币等财务工作均由多人分工掌管的工作制度。实行财务控制制度使财务人员之间形成一种相互制约、相互监督、相互补充的关系，既能防范财务人员徇私舞弊，又能防范工作失误，相互纠正差错，保障财务工作的质量。财务控制制度是构成财务管理信息化制度的重要内容。建立科学的财务管理信息化制度，能够有效避免财务工作中的漏洞，减少或避免工作中的不法行为，强化了内部控制，能够充分发挥财务管理在企业管理中的作用。

4.高效的财务工作效率

在信息化环境下，财务组织形式、财务人员的素质以及操作软件等都是决定财务工作效率的因素。此外，良好的财务工作指导规范与健全、完善的财务管理信息化制度也是影响财务工作效率的重要因素。财务管理信息化制度明确规定了财务机构的设置、财务人员的分工、各项财务事务的处理办法等，都为提高财务工作的效率创造了良好的客观条件。

5.提高财务信息的实用价值，提高财务工作的质量

财务管理信息化制度明确规定了财务人员在工作中应遵守的原则、工作流程、工作方法及工作要求，为财务人员提供了工作依据和工作标准，指导财务人员规范地完成各项财务工作，提高了财务工作的质量，也为财务信息使用者提供了完整、准确的财务信息。

在市场经济条件下，财务信息的使用者有两种：内部使用者和外部使用者。内部使用者通常较为熟悉企业财务工作，能够充分利用财务信息；外部使用者通常不熟悉企业财务工作，无法判断财务信息的质量，在不同程度上会影响财务信息使用质量。随着市场经济的发展，财务信息外部使用者的范围进一步扩大，财税部门、银行、个人及外商投资者、供应商、客户等都是财务信息的外部使用者。只有科学性强、透明度高的财务管理信息化制度才能满足财务信息外部使用者的需求，方便他们更好地理解企业财务信息，充分发挥财务信息的价值。

总而言之，在市场经济环境下，财务管理信息化制度对信息化企业而言是必须具备的。建立科学的财务管理信息化制度，不仅为企业财务工作与财务行为提供了明确的标准与规范，也为提高企业内部审计和外部审计工作效率提供了制度保障。

（二）财务管理信息化制度的建立原则

1.保证财务管理信息化制度的合法性

财务管理信息化制度的建立必须以国家和地方财经法规为依据，在内容上，应与国家法律法规一致。

2.保证财务信息的可靠性

保证财务信息的可靠性，就要建立严格的内部控制以及财务操作管理制度，确保系统内的数据有明确的来源和依据，同时能排查错误数据，并及时纠正错误；此外，针对可能发生的其他事项，规定了相应的解决措施，确保财务信息的安全性。

3.既满足使用需求又简便易行

各单位、各部门对于财务管理信息化系统的使用需求是各不相同的，企业也应从

不同的使用需求出发，制定能够满足各方需求的具有普适性的财务管理信息化制度。

4. 具有一定的前瞻性

作为规范财务管理信息化系统操作的财务管理信息化制度，应具有前瞻性，不能经常变动，否则不利于形成规范性操作。然而，财务管理信息化制度也应随着企业和市场经济的发展不断改进和完善，所以在制定财务管理信息化制度时尽量留有必要的升级空间，以便在改进财务管理信息化制度时可以不必重新设计，如此便能确保财务管理信息化制度在较长时期内保持稳定，最大程度地发挥财务制度的作用。

（三）财务管理信息化制度的建立方式

财务管理信息化制度的建立，要结合财务人员的业务素质、知识水平等而采用相应的建立方式。其建立方式主要有自行建立、委托建立、联合建立三种。

1. 自行建立

自行建立是财务管理信息化制度建立的主要方式，由企业财务人员独立建立。本企业财务人员了解企业情况，对企业财务管理信息化系统十分熟悉，容易与企业各部门与相关人员形成良好的配合，同时能够大大节约时间成本，建立后的制度也更容易贯彻下去。自行建立也存在一些弊端，如财务人员知识与能力的不足会严重影响财务管理信息化制度的质量，并且本企业财务人员易受惯性思维的束缚而阻碍制度的创新。

2. 委托建立

委托建立是指委托中介机构建立财务管理信息化制度的方式。相关中介机构对国家相关法律法规理解深刻，业务水平普遍较高，知识面广，具有较强的革新意识，建立的财务管理信息化制度能够很好地促进企业财务管理的发展。委托建立的缺点是外部人员对企业及企业财务管理信息化系统没有充分了解，在建立工作中很难与企业相关部门及工作人员建立良好的配合，建立的财务管理信息化制度在某些方面可能不符合企业实际情况，会影响制度的适用性。

3. 联合建立

联合建立是企业财务人员在外聘专家的指导下建立财务管理信息化制度的方式。联合建立是将自行建立与委托建立进行有机结合，充分发挥两种方式的优点，同时克服了两种方式的缺点，形成优势互补。联合建立的方式，可使建立的财务管理信息化制度更加科学，最大程度地发挥制度作用。

（四）财务管理信息化制度的建立程序

确定财务管理信息化制度建设的具体过程与步骤，有利于保障制度建设平稳、有序地开展。下面以自行建立为例，介绍财务管理信息化制度的建立程序。

1. 确定建立方式

企业进行财务管理信息化制度建设，应结合自身实际情况选择适当的建立方式，明确制度的具体内容与目的，使财务管理信息化制度建立工作有的放矢地开展。

2. 调查研究

企业根据制度内容对相关业务活动展开调查研究，获取项目的各种详细资料。构建人员要充分了解各种信息以确保财务管理信息化制度的质量与适用性。调查研究的主要内容有企业的性质与规模、经营方式与经营范围、财务管理信息化系统的基本情况、内部组织机构及各机构职责权限、筹资与利益分配方式、财务组织机构及各岗位职责、资本金的构成、产品生产组织方式与技术工艺特点、材料采购与商品销售的方式、内部经济核算形式、财务制度及其实施的基本情况、财务人员的知识水平及个人能力等。构建人员还需对获取的信息予以整理与分析，进行适当的简化或改进，确立财务管理信息化制度的结构。

3. 编写

编写，可分为两个步骤进行：总体设计与具体建立。总体设计是对财务管理信息化制度总体框架的设计，如某一财务事务的组织程序、财务机构的设置及各岗位职责分工等。在完成总体设计后，根据拟定的内容以文字和图表的形式做详细补充，进行具体建立。具体建立也是编写阶段的中心环节，通过对总体设计进行细化与补充，使制度内容更加具体化、协调化。

在编写财务管理信息化制度时，一要严格遵守法律法规，符合行业规范；二要全面、具体、准确，既要满足企业的需要，又不能脱离实际；三要处理好与其他管理制度的关系，不能与其他管理制度相矛盾。

二、企业财务管理信息化制度的内容

（一）财务管理信息化系统的开发设计制度

财务管理信息化系统的开发设计制度涉及财务管理信息化系统的规划、分析、设计、测试与维护各个阶段。财务管理信息化制度规定了财务管理信息化系统开发的意义与设计原则，以及系统各工作模块的设计方法。资金模块在财务管理信息化系统中非常重要，下面笔者就以资金模块的设计制度为例，说明财务管理信息化系统的开发设计制度。

资金模块的设计制度主要包括三个内容，即内部银行账号及代码的设计、内部银行单据的设计和资金报表的设计。

1. 内部银行账号及代码的设计

当企业发展到一定规模后，为了强化资金的管理与使用，提高资金利用率，通常会建立企业资金结算中心或企业内部银行。企业内部银行账号就是管理企业资金的重要依据。为了提高工作效率，充分发挥计算机的优势，财务管理信息化系统会将企业内部银行账号分得细一些，加快信息资料调取的速度。

（1）代码设计的意义

在财务管理信息化系统中，企业内部银行账号都以数字代码表示，这是因为汉字名称的识别相对较难，输入起来没有数字方便，且不利于建立计算机式的逻辑关系，因此采用数字形式设计企业内部银行账号。

设计企业内部银行账号，方便了计算机处理财务事务，有利于实现财务信息系统的标准化和规范化。同时，相比于汉字名称，数字代码只占一个字节，能够节省计算机内存，并且数字代码的唯一性大大提高了信息处理的准确性，不容易因歧义产生误解。此外，数字代码之间的逻辑关系强化了财务报告之间的联系，为财务报告的分析奠定了良好的基础。

（2）代码设计的原则

第一，合法性原则。代码设计要以相关法律法规为依据，有利于财务管理信息化系统对应国家方针政策，也为日后系统升级打下良好的基础。

第二，统一性原则。在同一个财务管理信息化系统中，代码应保持一致。在集团企业中，子公司的代码也应与集团总部代码保持一致。

第三，唯一性原则。在同一个财务管理信息化系统中，内部银行账号有且只能有一个代码，同一个代码也只能对应一个内部银行账号，确保系统处理的准确性。

第四，易于记忆性原则。代码的设计既要方便计算机处理，又要简单好记，便于财务人员理解和使用。

第五，层次性与相似性原则。账号的设计应具有层次性，通常内部银行账号设在具体单位的后面。假设某子公司的单位代码为1701，则其内部银行账号可设置为170101。结算账号代码与贷款账号代码也要分别设置，如内部单位的结算账号可设置为1701001代表企业，内部单位的贷款账号可设置为1701101。

第六，辅助性原则。为了方便管理和核算，在设计代码时需增加属性意义，如计息时间。如此，在系统中输入代码后，会根据代码的属性提示财务人员输入不同的管理与核算数据，方便管理层获取信息。

第七，伸缩性原则。内部银行账号也会随着现代信息技术与财务管理的发展产生相应的变化，所以在设计代码时也应考虑日后系统升级的需求并留出一定的伸缩范围。

（3）内部银行账号编码的方法

内部银行账号的编码方法主要有数字顺序法和数字层次法两种。数字顺序法是设置一个起止规定号，在规定范围内连续设置编码。数字层次法是按照级别层次关系进行编码，如1701001表示为一个二级单位结算账号，其中17表示为一级单位，1701表示为二级单位，001表示为结算账号序号。

2. 内部银行单据的设计

内部银行单据是记录企业内部银行资金活动的主要凭证。根据用途的不同，内部银行单据可分为存款单、取款单、贷款单、利息单四种。内部银行单据的设计要充分考虑计算机处理的特点及人工录入处理的需要，尽可能保证数据录入的准确性与便利性，如此才能保证财务管理信息化系统输出信息的准确无误。

（1）内部银行单据的设计原则

第一，真实性原则。内部银行单据具有反映企业经济业务的作用，因此设计的单据也应能真实、准确地反映企业经济业务的情况。

第二，简单明了的原则。为了降低人工录入错误率，在设计单据时应遵循简单明了的原则，尽量减少必须录入的内容，单据号、填制日期等信息可由系统自动生成。

第三，标准化原则。财务信息化系统提供了多种查找内部银行单据的方法，为了提高查找的准确性和工作效率，单据的设计要遵循统一性原则，使用标准的单据输入格式以便区分单据的类型。

（2）单据的设计

单据的录入是单据设计中需要重点考虑的问题之一。根据不同的录入方式设计相应的单据格式，从而提高单据录入的准确性。目前，单据的录入主要采用直接录入法或间接录入法。直接录入即用键盘直接录入。为了方便单据审核，该录入法下的原始单据设计应保持清晰完整。间接录入法是通过信息化设备编制原始单据，与此同时一并收集相关数据放入机器可读的媒体上，通过机器可读的媒体将数据录入计算机，这种录入方法能够省去数据录入的前期准备工作。间接录入法下的原始单据主要作为记录业务发生的书面证明，在单据设计时主要应考虑便于单据的查找与审核。

3. 资金报表的设计

资金报表能够反映某一天企业的财务状况和资金流量情况。资金报表编制需要根据企业资金记录和其他相关资料，因此在财务管理信息化系统中设计资金报表时，应将资金报表与资金数据文件的设计联系起来。

（1）资金报表的设计原则

第一，合法性与合规性原则。不仅是资金报表，企业其他报表的设计都要遵循这一原则。报表的设计，如格式、编制规则与编制要求等都必须遵照国家相关规定。

第二，统一性与一致性原则。在同一个会计主体范围内，为了方便总公司对资金报表进行汇总与编制，无论是各分支机构还是各基层单位，在编制资金报表时都应保持报表项目、指标口径、填列方法的一致性。同时，无论对内资金报表还是对外资金报表，也应保持统一和前后一致。这里所说的前后一致是指在确定了资金报表的编制规则及要求后就不能随意更改，保持报表编制规则与要求的相对稳定性。

第三，系统性原则。资金报表的编制需从其他功能模块中提取数据，为了便于数据传输并保持数据的准确性和安全性，在设计资金报表时应使其与会计系统保持一体化和系统化。

第四，适用性原则。企业对内资金报表和对外资金报表的对象与使用范围各不相同，因此在设计资金报表时应根据对内资金报表与对外资金报表的特点设置不同的报表格式。对内资金报表的设计应尽量详尽些，便于制作相应的分析图标；对外资金报表则可相对简单明了些。

第五，扩展性原则。资金报表的设计也应考虑日后系统升级的需求并留出一定的扩展空间。

（2）资金报表报送方式的设计

资金报表的报送方式主要有打印报送、软盘或光盘报送、网络传输报送三种方式，针对不同的报送方式采取不同的设计方法。

打印报送是最原始的资金报表报送方式，将生成的资金报表打印出来后通过邮寄、递送等方式进行报送。由于打印报送具有传输速度慢、数据采用不便等缺点，目前基本只在特殊情况下才会用打印报送的方式。软盘或光盘报送的方式在目前应用得较多，将资金报表复制到软盘或刻录到光盘中进行报送。

通过软盘或光盘报送的资金报表，可以通过计算机进行阅读、汇总与分析，提高了工作效率。

网络传输报送是通过计算机网络直接报送资金报表的方式。建设内部局域网的大型企业通常采用局域网报送的方式，中小型企业或子公司分布在不同地区的集团企业则多采用因特网报送的方式。

（二）财务管理信息化系统的组织管理制度

财务管理信息化系统的组织管理制度内容包括组织机构和岗位责任制、操作管理制度、财务业务程序管理制度、计算机软件和硬件系统维护管理。

1. 组织机构和岗位责任制

（1）财务管理信息化系统组织机构的设计

财务管理信息化系统的应用必然引起财务部门组织机构的变化，必须在机构设置上做相应的调整，以适应财务管理信息化系统操作的需要。但是，由于信息化系统的使用有一个过程，需要经过试用才能最终取代手工的相关操作，所以机构设置调整可以逐步进行。

财务管理信息化代替手工操作势必造成财务部门组织机构的变化，为了更好地适应财务管理信息化系统的应用，财务部门组织机构需进行相应的调整。在调整组织机构时，可将财务部门分为数据准备组、信息处理组以及财务管理组三个部门。数据准备组负责财务管理信息化系统的手工处理部分，如各种原始凭证、原始单据的设计、管理、汇集与审核等。信息处理组负责财务管理信息化系统的日常运行维护，如各项数据的录入、备份、管理与查询以及系统相关的软件与硬件的日常维护等。财务管理组负责分析、整理各种财务信息、参与财务决策等。

（2）财务管理信息化系统岗位责任制

在将财务组织机构划分为不同工作组后，根据各工作组的业务活动划分相应的工作岗位并规定各工作岗位的职责权限。财务管理信息化系统，存在原始工作岗位与信息化工作岗位两种工作岗位类型。原始工作岗位主要负责单据编制与管理，其职责与手工岗位的职责差别不大；信息化工作岗位主要负责系统与数据的管理，具体的岗位不同，职责权限也各不同。系统管理岗位具有分配系统操作人员的工作权限，多由财务主管担任；数据录入岗位只负责录入数据的校验，不能对原始单据的数据进行修改与复核，多有普通财务人员担任，出纳、系统维护人员不能担任；数据复核岗位需对单据及数据进行审核，不合格的予以退回处理，多由财务主管担任；数据管理岗位需协助系统管理岗位做好数据备份工作，同时做好软件数据安全工作，要求细心、有责任心、能担负起安全保密工作的人员担任；系统维护岗位负责财务管理信息化系统的正常运行，需具备专业的计算机知识和软件开发能力，多由软件开发人员担任。

2. 操作管理制度

（1）操作人员的管理

操作人员管理是指根据岗位职责的相关规定分配操作人员岗位，由财务信息化管理系统的系统管理员进行岗位分配、操作授权、保密字设定等。在为操作人员进行分工时，需输入操作人员的姓名、权限及保密字。

（2）操作人员的权限

对操作人员设定权限是确保财务管理信息化系统安全运行的重要保障。使用财务管理信息化系统时必须设置一名操作管理员。操作管理员拥有较大权限，几乎拥有系统内全部功能与程序的使用权限，管理员要根据企业财务管理信息化系统的特点设置财务信息化体系。

（3）上机操作规程

上机操作规程严格规定了财务人员的操作权限、操作程序与职责，保障了财务管理信息化系统的安全运行。

操作人员必须是经过系统管理员认证后具有合法使用权限的人员。操作人员上机前和下机后都需进行登记，登记时需填写上机人员真实姓名、使用时间与操作内容，以便系统管理员检查核实使用。在上机前，操作人员需准备好操作内容，避免因准备不足而长时间占用机器，提高工作效率。操作人员在完成上级操作后需做好工作备份，备份数据由财务处保管，上一次上机操作的数据备份应与机内数据复核准确无误后方可开始运行机器。操作人员在系统运行过程中，如需中途离开，必须在离开前退出系统，防止他人冒用或越权操作。

3.财务业务程序管理制度

第一，为确保输入财务数据的准确性与合法性，未经审核的财务数据不得输入计算机。第二，当天发生的财务业务必须当天入账。第三，期末需按规定时间记录账务、计算利息。第四，期末时，资金报表需及时生成、打印，同时还应放置未记账的凭证及单据。第五，资金原始单据、账簿、记账凭证、报表等需按相关规定装订。第六，充分运用计算机的数据分析功能，以定期或不定期的形式向财务主管上报财务指标及数据分析结果。

4.计算机软件和硬件系统维护管理

企业财务工作不是一成不变的，随着市场经济与企业的发展，企业财务工作也会发生一定的变化。当企业财务工作发生变化时，需对财务管理信息化系统的软件进行修改。此外，当系统软件发生故障时，需进行故障排除与修复，这些都是软件维护的工作内容。

硬件维护的内容包括硬件设备的更新与扩充，硬件的故障排查与修复，硬件修复后的调试等。

软件与硬件设备的维护由软件维护人员负责，为了确保财务管理信息化系统的正常运行，维护人员需定期对系统软件与硬件进行维护，遇故障时能及时排除故障。

（三）财务管理信息化系统的安全控制制度

虽然目前财务管理信息化系统已经逐步走向成熟，但它同样也会面临各种各样的安全问题，以至于影响它的正常使用。因此，设计一套完整的系统安全控制制度是十分必要的。

1.财务风险的成因

财务管理信息化风险是指由人为或非人为因素造成的财务管理信息化系统安全性降低，进而造成系统信息失窃、失真，系统软件、硬件无法正常运行等情况发生的可能性，使企业财产受到伤害。造成企业财务管理信息化系统风险的成因主要有计算机软、硬件风险，信息化处理风险，计算机病毒和工作环境风险等。

（1）计算机软、硬件风险

计算机软件是支持财务管理信息化系统运行的所有程序,计算机是软件的物质基础。在不同的应用环境下需对软件进行相应的调整与修改，同时随着技术的发展，软件也应不断升级、更新。财务软件数据数量庞大，结构复杂，对软件操作有严格的要求。如果软件没有按要求安装或操作就会产生软件风险，从而增加财务管理信息化系统的风险。

计算机硬件构成了财务管理信息化系统的单机环境与网络环境，是财务软件运行的物质基础。计算机硬件能够根据财务软件的需求构建出满足软件运行的计算机环境。

如果计算机硬件选配错误或者选用了质量或功能有欠缺的硬件产品，就有可能造成硬件工作不稳定，从而影响财务软件的正常运行，使系统的功能无法充分发挥。

（2）信息化处理风险

尽管传统的手工财务作业具有工作效率低、失误高的缺点，但手工作业有明确的分工，责权分明，每个业务步骤都有明确记载，一旦出现错误能够明确追查责任。而在财务管理信息化系统中，所有的数据都通过计算进行提交，出现错误后无法直接追查责任，资料的保管也有可能出现问题。

（3）计算机病毒风险

计算机病毒是一个拥有自我复制功能的小程序，经常附着在内存文件或磁盘文件中。计算机病毒能够在计算机系统中传播，破坏计算机程序、数据甚至计算机硬件。随着信息技术的发展与广泛应用，计算机病毒的传播方式与传播渠道越来越多样化，传播速度更快，危害也更加巨大，对财务管理信息化系统构成重大威胁。

（4）工作环境风险

这里说的工作环境是指计算机的物理工作环境。计算机是精密电子设备，对物理工作环境有较高的要求，要防水、防火、防潮、防干、防震等，此外对温度也有一定要求。若物理工作环境恶劣则会影响计算机的运行，从而对财务管理信息化系统的运行造成影响。

2.安全制度的设计

针对上述造成财务管理信息化系统风险的几种成因，企业可以设立相应的安全制度进行防范。

（1）计算机软、硬件安全制度设计

财务软件的维护需设立专人负责，软件维护人员应对软件的质量、性能等进行检验；软件安装完成后，需要专业人员检查软件的兼容性与可用性；系统在运行过程中若出现软件故障，系统维护人员应及时上报、分析故障原因并进行修复；若遇到系统维护人员无法修复的软件故障时，应及时求助企业软件开发人员或其他技术人员；针对使用商品化财务软件的企业，由软件开发商负责软件的修改、升级等维护，企业系统维护人员主要负责与软件开发商进行业务联系；对正在使用的财务软件进行修改、升级或更换计算机硬件时，需办理相应的审批手续；在修改、升级或更换硬件设备过程中需保证财务数据的安全与连续，需设置专门人员进行全程监督。

设专人负责计算机硬件及相应辅助设备购买、组装；设备组装后，在使用前要先检查硬件的兼容性与可用性；系统在运行过程中如出现硬件故障，应及时上报、排查故障原因及故障修复；系统管理员与系统维护人员共同制定硬件设备更新、扩充、修复的时间，系统管理员负责设备的安装与调试；在硬件维护过程中，一些小故障可由企业内部系统维护人员解决，若故障较为复杂，则需与硬件生产商和销售商联系来解决。

（2）财务档案管理制度设计

运用财务管理信息化系统后，由于财务档案具有磁性化与不可见性的特点，这就要求在财务档案的管理中应做好防磁、防火、防尘、防潮等工作。

此外，针对重要的财务档案，应及时做好备份管理。

所有保存数据的光盘或软盘都应装入盘套和硬盒中，保持储存环境的安全、整洁，做好防磁、防潮与防火，确保财务数据的安全。书面形式的财务档案如各种单据、凭证、报表等，应严格按照财务档案保管期限与管理办法进行管理和使用。计算机配置的操作系统和软件、购买的商品化财务软件以及上述软件的备份都应作为财务档案妥善保管。

（3）病毒预防安全制度设计

尽可能建立牢固的网络防火墙以抵御外部计算机病毒与黑客的入侵，定期使用防毒软件做病毒排查，做好数据备份工作，尽可能降低计算机病毒可能造成的损失。

（4）环境安全控制制度设计

为防止突发断电造成的危害，应为财务管理信息化系统设置不间断电源，确保系统在断电时依然能够正常运行。企业机房配备稳定电源，机房做好防水、防干工作，配备空调与抽湿设备，确保机房环境达到规定标准，为系统的正常运行创造良好的外部环境。

三、企业财务管理信息化制度的实施

（一）财务管理信息化制度的学习与培训

在完成财务管理信息化制度的建立后，制度公布日期与制度实施日期应留出一定的时间间隔，制度构建部门应在发布制度前向相关部门提交参与制度学习与培训的人员名单，学习与培训的人员主要为财务人员与相关维护人员。建立的制度应向学习与培训的人员公布，并对他们组织适当的学习与培训，将他们的意见反馈到制度构建部门，制度构建部门根据学员的意见做适当的调整与修改，最后再面向企业正式发布制度，同时对需重点学习制度的部门和人员提出具体要求。

（二）财务管理信息化制度的执行监督

企业需设置相应部门，对财务管理信息化制度的执行情况定期检查与抽查。由于财务管理信息化制度使用范围较广，执行监督的工作量巨大，为避免由于人员缺少或人员素质欠佳造成监督不力的情况发生，可考虑在企业内部设立监督投诉专栏，任何员工都可对监督管理部门的执行情况和监督结果提出意见和异议。监督管理部门需及时对投诉栏的意见进行调查与跟踪核实。

（三）财务管理信息化制度执行监督的监控

财务管理信息化制度执行监督的监控，可通过设立考核执行监控组实现。监控组的工作内容主要有：一是对监控组的执行情况进行监督，如对投诉栏的意见进行跟踪、调查情况，是否还存在应考核而未考核的情况；二是对考核过程中的弹性问题做考核结果的监督，以增强考核执行的准确性和到位率。监控组可以是一个虚拟的团队，由敢于大胆揭露不良行为、敢于提出异议的员工组成。

（四）财务管理信息化制度的定期完善

经过一段时间执行后，通过对财务管理信息化制度的监督和监控，人们很可能发现现有制度存在的不足，此时要及时进行反馈，由制度构建部门对现有制度进行修订和完善，以适应现阶段财务管理信息化系统操作的要求。所以，财务管理信息化制度的定期完善是十分必要的，监督与监控财务管理信息化制度执行情况，有利于企业加强制度管理，提升制度的执行力度，增强工作人员对制度的认同感。

第二节　基于信息化的财务管理转型

一、财务管理转型的必要性

财务管理转型，简称财务转型，指为提升企业竞争力而采取的财务变革，目的是使企业价值最大化。随着企业对财务工作提出了决策支持、风险监控、创造价值等更多的要求，财务职能从传统的核算型、管理型向战略型转变，成为更注重公司价值创造的管理合作型部门。

随着经济全球化的进程加速，企业及其经营环境都发生了极大的变化，在宏观层面，以"金砖四国"为代表的新兴市场不断崛起，企业在全球市场中拥有了更多更自由的竞争，随之而来在全球化的财务领域中，安然事件等导致人们对公司治理和财务会计管控的担忧。企业所有者要求企业有更高的管理透明度，并对违法行为严厉问责，同时，也希望财务部门能持续提升公司的价值创造能力。因此，财务部门如何在严格遵守相关法规和改善业绩的双重要求下完成角色使命，成为新时期财务工作必须面对的挑战。这种挑战使得财务转型成为必然要求。

（一）财务管理环境的变化促使财务转型

在传统企业管理中，财务战略主要从资金筹集、运用等方面进行谋划，财务管理具有相对独立的内容，主要从事企业业务流程的计量核算及信息反馈，但目前这种独立性不断降低。

一方面，在现代市场经济条件下，财务管理需要关注资金需求和统筹、现金流状况、现代企业制度等内容，需参与企业核心管理，因此财务管理已经不只是企业生产经营过程的附属职能。另一方面，财务管理与其他职能战略呈现日益密切的联系，如根据企业经营管理的需要筹集、投放资金；考虑企业的投融资需求制定利润分配政策等，因此很难将各类企业活动完全单独界定为财务类工作。面对日益复杂的财务管理环境，企业需要通过财务转型实现价值管理，开发企业生产、销售、采购等经营环节的价值增值潜力，优化各类作业流程，持续提升企业价值，实现财务部门从传统的簿记和控制转型为更注重公司价值创造的管理合作型部门。

（二）财务管理内容的变化促使财务转型

随着信息技术的发展，企业 ERP 系统得到广泛应用，传统财务管理内容正发生着悄然的变化，表现在财务会计工作中，核算工作比例不断下降，财务分析和统筹业务不断增加，可见在原有财务管理范畴的基础上，财务工作的外延扩展到预算计划、价值管理等领域。传统的财务理论与现有的财务管理活动不相适应，必须向着一种全新的面向业务管理的财务模式转变，实现财务管理的角色定位和能力升级。

（三）财务管理作用的更好发挥需要财务转型

从新时期企业发展对财务的需要来看，财务管理需要重点强化三个主要职能，即资源配置、过程管控和信息提供。财务管理要在经济活动的全过程中发挥作用。在经济活动的前端，财务管理要整合内部资源，以市场为导向，运用全面预算管理体系对资源进行科学合理配置，推动企业资产、收入和成本费用的结构性调整；在业务开展过程中，要利用财务分析、检查等手段，建立财务预警体系，为业务发展提供支撑；在经济活动的后端，要通过高质量的财务信息为决策提供支持，引领经营管理实现企业价值最大化。这一系列过程的动态发挥，要求财务管理在处理能力及组织结构方面进行变革，从而达到预期的效果。

二、财务管理信息化的基础理论

（一）企业信息化理论

企业作为国民经济的微观主体，是社会所需产品与服务的主要来源，因此企业信息化作为国家信息化的重要分支，其推广与应用直接关系到社会的稳定与发展，以及人民的生活与安康。

简单来说，企业信息化就是将信息技术应用到企业管理的各个环节，以提高企业经营效益与市场竞争力。其按照功能可以划分为财务、生产、库存、销售等业务模块，其中发展相对成熟的部分有以会计信息系统为代表的财务核算模块。现今，企业信息化正在朝着智能与协同的方向发展壮大，并为各业务模块的发展与优化提供新思路。

企业信息化是个相对宏观的概念，财务管理信息化是企业信息化的重要组成部分。而换一个角度来讲，企业信息化是财务管理信息化发展的土壤，对于财务管理信息化的发展起到重要的引导作用与有效支撑。财务管理信息化的健康发展与企业信息化的发展水平息息相关，没有企业信息化良好的数据支持，没有企业信息化财务、业务的集成以及企业信息化的布网式监督管控，财务管理信息化的效能将被极大地削弱。

（二）财务集中管理理论

企业财务集中管理是指企业通过集中核算、统一管理和报告制度，对企业进行财务管理与监督。其主要内容包括财务集中核算、集中控制以及决策支持。

财务集中管理体系主要包括核算层、管理层及决策层，其中核算层肩负着系统对信息源的掌控程度，是整个财务管理信息化乃至企业信息化实施的重要基石。管理层作为企业战略方针与具体预算的执行和管控者，是财务管理信息化贯彻执行的重要保障；决策层在系统中直面企业高层，为企业高层的各项重大决定提供有力证据，在引导企业总体走向上起着重要的作用。因此，在企业财务管理信息化建设中，财务集中管理提供了一个整体管理框架和渗入管理脉络，从横向和纵向上管理和掌控整个企业的运行情况，是财务管理信息化实施成败的关键保障。

财务集中管理实施的保障要素归结为制度、流程、组织和平台四点，即制度的规范化、流程的标准化、组织调整及职权重新分配，另外通过搭建信息平台支持其正常的运行，是财务集中管理的基本前提。财务集中管理体系的设计将直接关乎财务管理信息化实施的成败，而制度的统一与流程的重组、规划对于整个企业的管控效果起到关键性的作用。因此，企业财务管理信息化的实施必须以财务集中管理的实施为基础，而在此之前进行制度的统一规范、流程的重组优化、组织的匹配调整以及平台的搭建则是不容忽视的。

（三）全面预算管理理论

预算是相对宽泛的概念，具体反映在企业经营活动的方方面面，例如现金预算、费用预算、资本预算、损益预算等。预算首先是一项计划工作，是对目标结果的量化表现，对预算的管理并不是简单地记录与比较，而是作为企业进行管控的重要手段。在企业预算理论形成之初，预算管理的职能定位就是计划和协调，经过多年的发展，预算管理理论逐步囊括了控制、激励和评价，并逐步成为企业进行内部控制的重要手段。也正是基于预算管理功能定位的逐步成形，以及企业内外部环境、企业跨越式发展、企业现代化管理的综合需求，企业预算管理的实施迫在眉睫，全面预算管理的理念也正逐步形成。

全面预算管理的主要内容包括经营预算、资本预算、筹资预算及财务预算四个部分。基于各企业具体情况的差异化，全面预算管理在应用过程中的设计和规划都存在差异，预算管理的模式和体系都有待考量。近年来，价值链以及供应链的广泛研究为全面预算管理的实施提供了创新性的思路，但是实施效果不尽如人意，直到信息技术条件下的各大管理软件以及作业成本管理的出现，使得全面预算管理应用开启了新的篇章，全面预算的思想逐步通过计算机技术、信息技术在企业管理应用过程中体现出来。全面预算管理系统面世并推广应用，烦琐的预算编制工作得到有效解决，同时全面预算管理系统也必将朝着更深入的管控和下钻式的预算差异分析方向进军。

近年来，企业信息化的发展与功能的逐步深化，为全面预算管理思想的生根发芽提供了丰富的沃土。同时，全面预算管理也逐步成为继企业资金管理之后的第二大财务管理信息化核心内容。有的专家预测，在不远的将来，全面预算管理必将与企业战略相融合，贯穿于战略的制定、落实、监控与考核，同时全面预算管理还将以企业价值链为根基，进行整个价值链的资源优化配置。

（四）商业智能系统

商业智能（Business Intelligence，BI）是指将数据转变成信息的过程，并且最终将信息转化为知识。商业智能是伴随着信息技术的发展及推广应用而逐步发展起来的，它借助于数据仓库、数据挖掘等技术，进行多维度的分析和深入的挖掘，将杂乱的数据最终转化为具有决策价值的知识，并将其应用于各个商业活动。

数据仓库、数据集市、数据挖掘以及联机分析处理是商业智能技术的核心组成。其中，数据仓库充当了企业业务数据的存储器，对企业各项业务数据进行统一和集中管理，与数据集市一起为 BI 的正常运作奠定坚实基础，数据挖掘主要的功能是对数据库的数据进行判断与提取，其对联机分析处理工作起到重要的辅助性作用。

对于企业来讲，财务管理信息化的实施为其管理的进步提供了良好的阶梯，但是信息化的背后存在潜在的危机，那就是信息爆炸，并且这一危机已经逐步显露。在企业财务管理信息化建设中引入商业智能，以融合企业内部信息，针对不同管理者的需求，挖掘有价值的信息，并将其转变成知识，全面满足各级人员的个性化需求则是大势所趋。

三、财务信息化管理系统

（一）财务信息化管理系统的主要内容

从业务流程上划分，财务信息化管理系统可分为会计电算化信息系统、财务管理计算机系统和电子商务部分，其中会计电算化信息系统是运用电子计算机技术对会计信息进行管理的人机结合的控制系统，简称会计电算化。它为计算机财务管理提供了精确的理论基础，使财务管理向信息化发展，进而提高了工作效率和成功率。电子商务是利用电子手段进行的商务活动，它以网络为基础，不受时间限制，是财务信息化管理的升华，是财务信息化管理成功的体现。这三者的关系是密不可分的。

1. 会计电算化信息系统

（1）会计电算化信息系统是税务信息化管理的基础

①财务管理计算机系统与会计电算化系统的关系。

财务管理计算机系统和会计电算化系统有着密切的联系。这两个系统在运行过程中所采用的技术是基本一致的。因此，财务管理信息系统的设计可参照会计电算化系统进行，在具体设计过程中，可吸取会计电算化系统设计过程中的经验和教训。

②会计电算化系统是财务管理计算机系统的基础。

财务管理计算机系统中使用的大部分数据都来源于会计电算化系统，因此这些数据可以和会计电算化系统共享，也可以直接通过转化程序获得，而不再需要人工数据采集过程。

③财务管理计算机系统的建立，使会计电算化信息系统进一步完善。

财务管理计算机系统将为企业的生产和经营管理提供更多、更有用的管理数据，特别是财务管理计算机系统，在充分利用会计电算化系统数据的基础上对企业资金运动情况进行财务预测、监督、控制与分析，使得会计电算化系统的数据资料得到充分利用，增强并扩大了会计电算化系统数据的使用效率。

④会计电算化信息系统的组成。

一个会计信息系统通常由多个不同功能的子系统组成。每个子系统完成特定的会计数据处理，提供特定部分的会计信息；各子系统之间互相传递信息，共同完成一个既定的系统目标。会计的三项基本职能是反映、监督和参与决策，也分别被称为会计的核算职能、管理职能和决策职能，通过会计核算来反映企业的经营活动情况，通过会计管理来监督企业的经营活动情况，通过会计决策来参与企业的经营管理。因此，会计电算化信息系统按照职能通常可分为电算化会计核算信息子系统、电算化会计管理信息子系统和电算化会计决策支持子系统。

（2）会计电算化信息系统在企业管理信息系统中的地位

我们从管理信息系统的分析中可知，企业管理信息系统是由众多子系统组成的生产经营系统，各子系统有着各自不同的作用和任务。会计电算化信息系统是企业管理信息系统中的一个子系统，具有十分重要的地位。由于会计是以货币价值形式反映企业再生产过程中的资金形成、使用和分配过程，反映和监督企业整个生产经营活动，因此，会计电算化信息系统与其他管理信息子系统相比，具有如下特征：

①定量化：

会计作为重要的企业管理活动之一，是通过货币计量以达到管理目标的。因而，会计信息系统与其他子系统不同，它更侧重于定量化的管理，并且要精确。会计电算化信息系统所产生的产品（会计信息）必须符合国家统一的会计制度规范要求。

②全面化：

会计信息是系统反映和控制企业产、供、销、人、财、物各个环节、各个方面，并全面参与企业管理的综合信息。例如，企业的设备管理子系统只是对本单位生产资料使用价值的管理，而会计对于企业生产经营过程中只要能够用货币计量的经济业务事项都可以进行管理，并且，突出其价值管理和综合管理的功能。会计信息系统是保证企业以最小的投入取得最大的经济效益的子系统。可以说，企业各部门的管理人员都在某种范围内利用会计信息。

③复杂化：

正是由于会计信息系统全面地反映和控制企业生产经营活动，使得它不仅内部结构十分复杂，由若干子系统构成，而且它跟其他管理子系统以及企业外部的联系也十分密切和复杂。会计信息系统从其他子系统中取得有关信息，加工处理后又提供给有关系统，使得系统内部和外部接口比较复杂。

④信息最大：

会计电算化信息系统的以上特征，又决定了其要收集、处理、存储和提供大量的经济信息。据测算，会计信息量约占企业全部信息量的70%左右。

综上所述，会计电算化信息系统在管理信息系统中占有十分重要的地位，与其他子系统相比，会计电算化信息系统处于整个系统的中心位置，如果把管理信息系统比作大脑，那么，会计信息子系统就好比神经中枢系统，控制着整个系统的运行。因此，在建立企业管理信息系统时，必须综合考虑各子系统的要求和特点，使其结构合理，最大限度地实现数据共享，提高系统整体效率。

2. 财务管理计算机系统

（1）财务管理计算机系统是财务信息化管理的核心

财务管理计算机系统是一种新型的人机财务管理系统。它以现代化计算机技术和信息处理技术为手段，以财务管理和管理会计提供的模型为基本方法，以会计信息系统和其他企业管理系统提供的数据为主要依据，对企业财务管理的结构化问题进行自动或半自动的实时处理；而对那些半结构化和非结构化的问题，则通过提供背景材料、协助分析问题、列举可能方案、估计各种不确定方案的结果、预测未来状况等方式，为企业决策者制定正确科学的经营决策提供帮助。

从财务管理的具体内容来看，一部分财务管理问题，属于结构化的问题，具有固定的处理模式，具有一定的规范性；而大部分财务管理问题属于半结构化或非结构化的问题，都是难以事前准确预测的，且各种问题以及解决问题的方法是随着环境的变化而变化的，这就决定了财务管理的不规范性。但是，从另一角度看，企业财务管理的各种问题又以企业的内部环境为其基本环境条件，这又决定了企业财务管理以企业管理各子系统的信息数据为基础。通过对这些数据的分析，人们可以对企业财务管理的各种问题进行预测和判断。可见，财务管理计算机系统实际上是一种综合了计算机管理信息系统和计算机决策支持系统的综合系统，它具有管理信息系统和决策支持系统的一切特点。

（2）电子商务下的会计运行

电子商务在改变传统会计运行环境的同时，也改变了建立在此基础上的会计信息系统的应用环境。基于电子商务的会计信息系统必须是建立在企业内联网、外联网、互联网基础之上的。目前，美国许多会计和管理软件已实现了这一目标。我国会计软件公司也在往这个方向发展，有的已推出了称之为"网络财务"的第一代产品。

毫无疑问，基于电子商务的会计信息系统也必然是基于互联网的会计信息系统。为了突出网络社会会计信息系统的本质特征，我们也可以把这个系统叫作基于电子商务的会计信息系统，即我们不能把互联网对会计信息系统的影响仅仅看成是一次像过去 Windows 代替 DOS，C/S 结构代替 NOVELL 结构的纯技术进步，而应当把它看成是会计信息系统结构之质的进步。

会计信息系统是为企业经营管理服务的，它总是建立在一定的企业组织与业务环境之上。电子商务改变了企业的组织结构、业务流程、货币结算程序，也改变了会计信息产生和存在的形式，这必将给会计信息系统带来深刻影响。

①改进会计信息的检索及输出方式：

在电子商务下，会计信息系统采用线上的输入方式来替代之前传统的纸质输入方式，从而极大地提高了企业的信息化程度以及企业运营效率。无纸化的输入方式不仅能够有效降低纸质资料的装订及打印成本，还在一定程度上节约了人力资源的投入，除此之外，无纸化的输入方式也是进一步使得资料的查阅以及信息检索的方式变得更加便利。将所有的财务报表资料以及数字信息输入电脑，然后由会计人员计算得出结果，这样的方式比之前传统的方式更加详细和完善，与此同时，通过文件名进行关键词搜索、日期搜索等多种检索方式，这样也是极大地提高了数据资料的查阅效率。

②有效降低了生产成本和销售成本：

电子商务的出现有效地降低了产品的生产成本及销售成本，并且生产和销售成本降低的幅度在3%～37%不等。而对于企业来说，电子商务针对的不仅是企业成品销售环节和材料选购上，其还在一定程度上反映了企业内部每一生产环节半成品和成品的转移等。电子商务以数据化传输的方式将产品的半成品材料传输到下一个环节的系统模块上，并且让其参与这个系统模块的运作中，然后通过企业电算化的会计信息系统将该数据储存起来，将其用于企业整体数据化管理的运行，这在很大程度上降低了企业的生产成本及销售成本。

（二）财务信息化管理的意义

财务信息化管理是企业财务管理史上的一次革命，它不仅仅是财务管理发展的需要，而且是经济和科技发展对财务工作提出的要求，是时代发展的要求。同时，财务信息化管理已成为一门融电子计算机科学、信息科学和会计科学于一体的边缘学科，在经济管理诸领域中处于领先地位，正在起到带动经济管理诸领域逐步走向现代化的作用。具体来讲，财务信息化管理的意义主要体现在以下六个方面：

第一，减轻了财会人员的劳动强度，提高了会计工作效率。实现财务信息化管理后，只要将记账凭证输入计算机，计算机就可以自动、高速、准确地完成大量的数据计算、分类、存储、传输等工作。这不仅可以把广大财会人员从繁杂的记账、算账、报账工作中解脱出来，而且也大大提高了会计工作效率。

第二，促进了财务工作规范化，提高了财会工作质量。财务信息系统对财务数据来源提出了一系列规范化的要求，这在很大程度上解决了手工操作容易产生的不规范、错误、疏漏等问题，使财务工作更加标准化、制度化、规范化，财务工作质量得到进一步的保证。

第三，促进了财会人员素质的提高。财务信息化管理的开展，一方面，由于许多工作是由计算机完成的，财会人员有了更多的时间，可以学习会计和管理方面的新知识；另一方面，要求广大会计人员学习掌握有关财务信息化管理的新知识，从而使广大财会人员的知识结构得以更新，素质得以提高。

第四，促进了财会工作职能的转变。在手工条件下，财会人员整天忙于记账、算账、报账，财会工作只能实现事后核算的职能。利用计算机进行会计数据处理，不仅提高了财会人员的工作效率，使财会人员可以腾出更多的时间和精力参与经营管理，更好地发挥财会人员应有的作用；而且由于计算机能够存储并迅速处理大量的数据，完成在手工方式下难以完成甚至无法完成的会计信息分析、预测、决策工作，实现会计的事中控制、事前预测职能，从而使财务管理能在加强经营管理、提高经济效益中发挥更大的作用。

第五，促进了会计理论和会计实务的发展，推进了财会制度的改革。财务信息化管理不仅仅是财务核算手段和财务信息处理技术的变革，而且必将对财务核算的内容、方式、程序、对象等会计理论和实务产生影响，如由于账簿存储和处理方式的变化导致账簿概念与分类的变化，由于内部控制和审计线索的变化导致审计程序的变更等，为了适应这些变化，财务管理制度也要进行相应的改革。

第六，奠定了企业管理现代化的基础。现代企业不仅需要提高生产技术水平，而且还需要提高企业管理水平，实现企业管理现代化，这样才能提高企业经济效益，使企业在激烈的竞争中立于不败之地。会计信息是企业管理信息的重要组成部分，而且多是综合性的指标，具有涉及面广、渗透性强等特点。财务信息化管理的实现，为企业管理现代化奠定了基础，并且可以带动或加速企业管理现代化的实现。

随着各企业集团业务的飞速发展，传统的财务管理模式已不能满足规模化和信息化的要求。财务共享中心就是基于信息技术和流程规划将企业集团各成员单位的日常财务核算、报表报送等同质工作集中到一起，进行规范化和标准化的处理。另外，一些高端财务人员和业务财务人员，则将更多的精力贡献到战略谋划和业务支持上。财务共享中心作为先进的财务服务模式，以管理创造效益，帮助企业提升价值。

第三节　优化财务管理信息化系统

一、财务管理信息化系统的构建优化思路与设计

（一）财务管理信息化系统的构建思路

财务信息化一般存在着六大系统：销售管理、资金管理、采购管理、总账管理、薪酬管理和资产管理系统。要想顺利推进企业财务管理信息化，企业在建设好这六大系统的同时，如何将它们形成资源共享、步调一致的可持续发展整体，则是企业需要重点考虑的问题。

1. 更新观念，提高认识

企业在进行财务信息化建设时，需要科学的理念作为支持，这就要求企业领导者应树立科学的管理理念，并充分认识到财务管理信息化对于提高企业管理水平的重要性，进而优化财务管理工作流程，从而建立科学高效的信息化体系。要达到这样的目标，首先需要企业投入足够的资金以加强基础设施建设，再次还需要企业管理层逐级加大财务信息化的宣传力度，使企业全体员工都能意识到财务管理信息化的重要性，树立现代化的财务意识。

为了加强企业资产管理和财务控制力，企业财务管理人员应树立先进财务管理理念，以达到进一步推广财务管理信息化体系建设目标。

2. 科学地选择财务管理软件

企业要想拥有符合自身发展需要的财务管理软件，就应该科学地进行选择。其主要有两种方法：一种是直接从软件公司购买所需要的几个核心模块，而非核心模块则由企业自己开发研究，这样能在一定程度上降低企业成本；另一种是在自身资金条件许可的情况下，自主研发适合企业需要的财务管理软件，这样研发出来的软件会更符合企业财务需要，但由此带来的研发成本也可能更高。

从很多企业的实际情况来看，研发一款适合自身企业需要的财务管理软件是更合适的，不过，企业需要考虑资金筹措问题，同时也需寻找专业的技术团队，让他们尽快了解企业财务运行状况，以便切实地开发出适合的财务管理软件。

3. 规范前端数据的接入

企业财务信息直观地反映了企业的财产物资，影响企业现在和未来的投资方向、营运方向等。而财务信息又是由财务数据而来的，其中财务数据涉及了企业运营中所有的经济活动，是运营支撑与决策支持的数据归集地，因此，准确获取前端数据就变得尤为重要。

市场上绝大部分财务系统或其他包含财务系统的企业信息系统，大都只需要录入原始数据和后续填制凭证等，不再需要录入其他数据，这就大大减少了这些环节可能出现的人为错误。规范前端数据的接入是获取运营过程中经济活动财务细节的重要手段，是企业财务信息化体系建设的基础。

4. 达成信息全程共享

企业财务管理信息化的目的是使财务信息能够在企业内部实现共享，达到财务信息的集成。而为了实现这一目标，就要明确信息是如何产生的、信息在哪里被引用以及如何实现共享的，这样才能避免产生信息冲突和信息孤岛等问题，使企业达到信息全程共享的目标，从而提高业务决策的科学性和效率性。

因此，集团公司为了实现各子公司和业务部门之间的信息共享化，需在现行财务信息化系统的基础上，进一步扩大和加快企业的信息传递渠道和速度，以保持企业信息沟通的畅通。

5. 统一与规范系统

财务信息化系统是由预算系统、核算系统、资产系统、报账系统等子系统集合而成的。财务信息的流转实际上是企业财务业务的流转，而财务业务的系统流转又能够反映实际业务的发生，因此规范财务信息系统的操作流转就显得十分重要。其中，规范化的系统流转包括流程的接入、接收、反馈和业务支撑节点等。此外，由于一些大企业的业务门类较为繁多，因此在统一和规范系统流方面，大企业需要做的前期准备工作较多，投入的人力和物力也比其他中小企业更多。

6. 规范基础数据、业务数据

规范化的基础数据与业务数据是数据流程流转保持畅通无阻的前提，因此，为了确保基础数据和业务数据在各系统顺畅流通，就必须对两者的信息容量、数据分类、数据单位和数据格式等进行统一的规范。

只有在前期规范了系统的信息化，其后所获得的财务数据才会更加精确，企业的财务决策也才更有效。

7. 提升报表加快与加快报表披露速度

财务报表是反映企业财务状况、经营成果和现金流量的集中体现，财务报表数据则是将企业经营活动中的资金流信息集合起来。所以，高质量的财务信息和完善的财务信息化体系将有利于会计信息使用者更准确地把握企业信息，为他们的决策提供有用的信息支持。

报表的月结和年结周期不仅可以反映企业财务工作的整体水平，还能反映企业财务数据的处理能力，为投资者和消费者提供所需的企业经营信息。因为，市场瞬息万变的环境和社会需求的变化都会通过财务信息显现出来，所以高质量的财务信息势必对企业决策起到关键性的影响。

8. 实现财务分析与决策支持

财务信息化体系的构建，归根结底就是通过信息化途径对财务进行分析并为企业运营提供决策支持。很多企业希望通过构建财务管理信息化系统来分析企业的盈利能力、偿债能力、运营能力和成长能力，以此为基础为企业决策提供相应的数据支持。而只有准确、可靠的财务数据才能为企业财务决策提供有效的支持，这也是一些企业需要建立财务管理信息化体系的关键原因所在。

（二）财务管理信息化系统的设计

1. 企业财务管理系统设计原则

（1）安全性

安全性包含了内部系统的安全和外部的安全。内部系统安全主要体现在数据的相对安全方面以及非法数据屏蔽等。可以通过防火墙等方式进行保护，避免数据资源受到不良的影响。同时，在进行系统连接的过程中，应当保证内部数据的安全性，采取隔离方式对外部信息进行管理，并进行相应的访问控制，从而为企业系统运行的稳定和安全提供可靠的保障。

（2）实用性原则

财务信息管理系统是一个较为系统化的工程，在建设过程中需要始终为财务管理服务。因此，一定要保证系统建设的实用性，这样才能在日后进行正常的使用和运行。

（3）灵活性原则

系统的设计中需要提供多方面的查询，要包含多种功能，因此，在设计中需要保证系统的灵活性。对于复杂的数据，系统应当能够快速地计算，从而保证数据应用的准确性和灵活性。

2. 财务信息化体系管理机制的建立

体系的正常运行，首先需要一套完善的管理机制。构建企业财务信息化体系管理机制，主要有如下步骤：

第一步，设计和构建组织管理架构。

财务信息化管理构架的设置，首先要保证财务信息化管理架构是在企业组织制度统一的框架下运行的，同时还要切合财务信息化体系的实际需要，设计和构建相应的组织构架。

第二步，制定各类规范制度。

结合财务管理信息化体系和企业实际业务的需要，制定与之相关的各种规范制度。这些规范制度是保障各项财务工作能在制度化和规范化的环境中高效有序运行的关键。

第三步，执行和监控各制度规范。

管理机制能否达到预期效果，关键是要对其执行过程进行监控，并将收集的信息及时反馈给相应的负责人员，他们结合企业实际及时调整相关的管理机制，只有这样才能保证所制定的制度和规范不流于形式，切实为企业财务管理信息化体系提供制度保障。所以，企业应成立专门的执行和监控小组，实时监控和反馈财务信息，以提高财务信息的可靠性和准确性。

同时，财务信息化体系管理机制的建立，需要企业高级管理人员给予高度的重视，这样才能保证该机制能够在企业顺利运行。

3. 系统结构设计

企业财务管理基本职能有决策和控制两个部分，财务管理信息系统的功能结构也将从整体上围绕着这两个部分开展，从而实现系统化的构成。

4. 系统模块设计

系统模块设计主要包含财务预测、财务决策、财务评价、财务预算控制和成本控制等模块。

财务预测模块，主要包含了利润预测、市场预测以及资金需求量预测等内容。

财务决策模块，主要内容是企业筹资决策信息化、经营决策信息化、投资决策信息化以及收益分配信息化等内容。其具体包含了用户的决策分析、环境分析和参数分析等方面，最终生成相应的模块。

企业财务评价模块，主要指的是从企业的财务指标评价转为多层次的企业实际状况分析，主要包含了企业财务指标分析和财务综合内容分析，同时要求评价从原本的事后评价转为事中评价，这将对企业财务风险预测产生积极影响。

预算控制模块，主要是根据决策结果和决策方案涉及的指标、计划等信息编制预算，同时负责预算的执行监督和管理。

成本控制模块，主要负责的是成本计算和分析工作，然后通过优化方式来降低成本支出，为企业创利提供可靠的保障。

5. 工资模块设计

在企业财务管理中，工资方面的核算是一项十分重要的工作，企业如果在工资核算方面出了问题，那么将会给企业造成严重损失。企业可以将工资核算纳入财务管理系统中，设计工资管理模块，从而利用计算机技术对工资方面进行准确的预算处理。可以在模块中设计员工工龄模块以及职务、薪资和核算等模块，然后通过系统自动计算的方式来进行每个月的工资核算，并自动将工资金额转入员工的工资卡。这种方式不仅能增加企业财务管理的规范性，同时还能加速企业正规化的发展和建设。

（三）企业财务管理信息系统的实现

企业财务管理系统设计，需要重视财务管理的实用性原则，设计内容一定要与企业实际情况相符合，从而使企业财务管理系统能够真正得到优化。

1.财务管理系统登录画面的实现

企业财务管理系统登录界面，需要阻止无权限的人员随意进入，同时也要起到管理的作用，应当设置相应的登录密码，采取责任管理制度，通过登录和验证等方式来进行登录页面的设置，从而防止一些无权限的人员进入财务管理系统内部而导致数据泄漏问题的发生，从而为企业财务管理的科学性和稳定性提供可靠的保障。

2.财务管理系统管理界面的实现

企业财务管理系统的管理界面，应当重视管理结构排列设计。企业可以采取树状结构方式进行排列，促使管理人员能够更加直接地看到财务管理的具体内容和数据等资料，从而直观地对财务内容进行审核监督。通过录入和审核等方式,进行具体的操作，能够实现企业财务的高效管理。

3.财务管理系统工资界面的实现

企业财务管理系统工资界面设计，主要实现的是通过员工的工龄、职务和核算方法等来进行系统自动化操作，需要将员工的个人信息全面录入，然后进行统一编辑，从而完成更加精确的工资报表。

随着企业的发展，企业的业务架构和信息化需求也在不断发生变化。我们只有充分理解并掌握企业发展的整体业务架构，才能从企业管理的现状出发，分析、评估企业的信息化需求，进而优化企业的业务流程。也只有这样，我们才能通过信息化系统将企业资源有效地利用起来，以促进企业业务构架的完成，帮助企业实现可持续发展。

二、财务管理信息化系统的优化策略

（一）构建财务业务支撑系统

1.报账管理系统

报账管理系统主要是对企业员工的出差费用、会议招待费用、探亲报账费用、医疗补助费用及其他符合企业报账规范的费用进行报账管理的系统。上述报账费用一般是根据业务类型而分类报账的，这些报账申请过程可通过系统实现自动预算控制。而没有分类的费用则会有专门的相关部门对其进行综合处理。所以，企业报账平台是在符合财务信息化体系的总规范下进行规划建设的，符合企业财务部门和其他服务部门的要求。报账管理系统在规划建设过程中，应重点关注以下几个方面内容：

（1）规范化报账单据

利用电子报账平台系统进行报账，为了确保财务核算账务入账数据的标准化，为后端的财务核算数据规范奠定基础，需要对报账单据内容及格式制定统一的规范和标准。

（2）电子化审批流程

报账管理系统采用的是电子化的审批流程。它的工作原理主要是通过系统及线下的单据确认，将电子报账单及相关的纸质附件进行电子化处理，再接入电子流程，从而推送待办事件继续直至完成整个审批流程。电子化审批流程不仅能保证审批的质量，还能提高财务核算的效率，为后端的财务分析和决策提供时间保证。

（3）自动化的信息传递

通过建立预算管理系统、ERP核算系统、OA系统的接口，实现信息传递的准确性，以降低员工劳动强度和提高财务工作效率。

（4）界面美观化与操作易学化

系统界面引入美工元素和潮流元素，提升用户的友好和忠诚程度；同时系统软件还对用户非专业类数据填写与操作步骤进行简化，以提高系统的可操作性和易学性。

2. 预算管理系统

预算管理系统是财务业务支撑系统的一个重要组成部分，加强企业预算管理工作，能帮助企业财务部门和高层管理人员了解企业资金使用情况，预知企业未来的资金支出情况，为企业决策者提供有效的信息，对于调整企业发展战略起到关键性的作用。

预算管理系统涵盖了预算编制与调整、控制与执行分析等全过程管理功能。通过对企业财务业务流程的梳理，并结合企业在全面预算管理方面的要求，我们可以将企业全面预算管理系统的应用分为两个方面的内容：一是进行年度整体预算管理；二是按日常细分项目进行预算管理。这两方面的应用在整个财务信息化系统体系中分属于业务的应用层面。

全面预算管理系统的功能主要涉及：个人工作台管理、年度预算编制管理、预算日常业务与调整、预算检查与控制、查询与统计功能、系统管理功能等几个层面。它将与已建成或将要建成的其他财务信息系统、前端业务信息系统等存在着基础数据与业务数据的交互关系，这个集成与交互关系是企业整个财务信息化体系中不可分割的重要组成部分。

3. 银企互联管理系统

银企互联管理系统是指通过与 ERP 系统、报账平台、营收资金稽核系统建立接口，来实现信息传递的准确性，最终达到降低员工劳动强度，提高企业财务工作效率的目的。其中，银企互联管理系统是由系统管理、转账支付、上划下拨、监控对账、查询统计、安全管理和接口管理七个部分组成的。

据此，为了实现企业与主要银行的直连关系、建立与银行业务系统的实时连接通道，并利用该通道向银行发送交易指令和接收数据信息，实现企业集中高效的资金支付和调拨的目的，企业急需建立银企互联管理系统。该系统还可以满足企业银行账户的集中管理与统一口径。基于银企互联管理系统，企业相关人员可以实时地获取资金账户数据，并对企业所有账户的资金变动情况进行及时、全面、准确、有效的监控；此外，还可以实现银企自动对账。

4. 内控内审系统

内控内审系统是指对财务前端业务所涉及的财务运作与财务账务处理进行监控、分析风险、提前预警，并进行防范的工作。它是财务信息化系统中不可简化的环节。其中，内控内审系统模块包括维护管理、执行管理、测试管理、修补管理、考核管理、资源管理、统计分析、知识管理、交流平台九个应用模块。

5. 资金管理系统

资金管理系统是指对企业资金来源和资金使用进行计划、控制、监督、考核等的管理系统。它是财务信息化体系的资金管理环节，其资金管理功能主要包括：账户管理、资金池、资金计划、资金收付、内部结算、对账、存贷款管理、授信管理、票据管理、报表管理、资金运营与监控分析等。

（二）拓展财务管理信息化体系的支撑范围

建立综合服务的支撑系统，还需要利用科学的运维体系平台和信息管理手段，对已建应用系统运行监控、咨询答复、系统完善及规范化等进行管理。

1. 系统支撑组织与支撑人员职责

系统支撑分为两个层面：业务层面和系统运行层面。其中，业务层面的维护工作主要是保证业务功能正常使用，包括系统基础数据维护、日常业务操作培训和支持、需求收集等内容，其维护工作主要由业务部门的超级用户和关键用户负责。而系统运行层面的维护工作主要是对能保证系统正常运行所必需的主机、数据库、存储、网络、接口等进行管理，其主要由技术维护部门负责。

2. 规范支撑管理制度

为了使财务信息化系统良好地运行，需要规范企业的支撑管理制度。据此，企业可以建立三级运维支撑服务体系，为信息化系统监控服务管理中心的建立创造条件。其具体内容如下：

一级维护支持：由专业维护服务团队受理关键用户提出的问题和需求。

二级维护支持：由超级用户完成，并通过多渠道的方式提出问题或需求，以便专业团队中心通过网络、电话中心和邮件等方式受理和解决用户提出的问题。

三级维护支持：由企业与第三方厂商联合构成，对于产品缺陷或重大系统级的问题，协调产品厂商处理。而对于企业自主开发系统出现的重大问题，可提交给业界知名厂商处理。

3. 建立运维辅助平台

企业信息化系统运维包括规划部署、运行监控、日常运维管理、运维安全审计等一系列工作。建立运维辅助平台，规范并发布运维管理制度，能帮助相关部门收集和监控信息化系统及设备的运行情况，从而提高管理者的风险防范意识。因此，运维辅助平台主要解决如下问题：

（1）知识库管理

当信息系统运维管理遇到问题需要解决时，企业要提供可参考的依据和标准，将问题的风险降到最低。这就需要辅助平台将企业规章制度、遇到的问题等形成知识库，通过知识库的管理，有效解决企业运营中出现的各种问题。

（2）硬件设备管理与监控

运营辅助平台需要对硬件设备进行管理与监控，对脆弱点进行重点监控并实施定期报告制度；对关联复杂资源进行实时风险警示等工作。

（3）定制化应用的重点管理与监控

一般来说，定制化应用，故障最多，影响最大，监控需求最为迫切。因此，对预知性差、突发性强的定制化应用应进行重点监控，帮助企业财务信息化系统更加良好地运行。

（4）提升监控的扩展能力

信息化系统在生命周期的不同阶段会呈现出不同的故障特征，而运维辅助平台的监控功能可以对其进行持续监控，并通过不断调整设备来提升系统监控的扩展能力。

（三）加强系统安全性设计

一般来讲，财务管理信息化系统应具备多级别、多层次的安全控制方式，按照财务密级的不同，确保非涉密级的财务信息能得到最大程度的共享，而对于那些涉密财务信息（包括绝密、机密和秘密等密级信息）应建立相应的安全性措施。

第一，实现 ASP.NET（动态服务器页码）安全机制与 IS（信息系统）安全机制的协同机制。为确保 ASP.NET 应用程序的安全，应注意以下三个方面的内容：①身份验证模块。该模块主要是确认及验证用户的身份。②授权模块。当用户通过身份验证后，还要根据用户访问权限的不同决定用户能否继续访问相应内容。③模仿模块。在完成 IS 传输数据至应用程序的流程后，在 ASP.NET 应用程序中可以验证执行各类用户的上下文，然后根据模拟身份权限的不同来判别是否允许用户访问。

第二，SSL 协议，即安全套接子层协议。一般来讲，财务系统会默认以明文的形式通过 HTTP 输送相关信息，实际使用时可在发送明文中加输密码，借助 SSL 协议保护相关安全目录的安全性。

第三，个人身份验证技术。这里主要是采用基于智能卡的认证方式，即每个用户持有一张智能卡，智能卡存储了用户的秘密信息，同时在验证服务器中也存放该秘密信息，进行认证时，用户输入 PIN（个人身份识别码），智能卡认证 PIN 成功后，即可读出秘密信息，进而利用该信息与主机之间进行认证。基于智能卡的认证方式是一种双因素的认证方式（PIN+ 智能卡），即使 PIN 或智能卡被窃取，用户仍不会被冒充。

第四，其他安全性控制设计。除了上述三个安全性设计外，它还包括传输数据加密、CA 认证、存量控制表、防火墙和杀毒软件等安全性较高的系统。

（四）提高财务人员综合素质

建立企业信息化培训体系，要求财务管理人员既要懂财务，还要熟悉业务，这是企业培养高素质专业人才的重点。财务管理信息化的性质特征决定了财务人员必须具备很高的综合素质。财务人员要不断吸取新的知识，不断提高财务管理知识和信息技术水平。同时，企业还需要定期对财务人员进行针对性的培训，对现有的企业信息化培训体系进行补充和完善，加深财务人员对专业知识和技能水平的掌握，使财会人员的综合素质水平得到有效提升，确保财务管理信息化建设有条不紊地进行。企业财务管理人员，也要不断学习与更新知识、熟悉计算机的相关操作、提高自身的专业能力，使自己成为经验丰富、专业水平过硬的复合型财务管理人才，推动企业财务管理信息化建设的发展，使企业管理水平跃上一个新的高度。

（五）实现财会业务一体化

企业财务管理信息化建设是繁多复杂的艰巨任务，需要企业不仅注重自身竞争力的提升，而且还需要参与国际竞争中，这样既可以有效推动企业财务管理信息化的发展，而且还能够为企业财务管理信息化建设争取更多的专项资金，为企业全面管理信息化发展奠定良好的基础。同时，为了更好地满足经济全球化发展需求，企业还需要对各种资源进行科学、合理的规划，从自身特点出发对业务流程进行创新和优化，以实现生产经营的精细化及集约化。在企业管理过程中，信息技术不仅能够使企业财会管理实现一体化发展，而且还可以更好地反映企业的经济活动，实现财务管理的有效控制。

　　随着全球经济化进程的不断推进，我国社会主义市场经济得到迅猛发展，与此同时，我国会计行业也迎来了发展的春天——会计信息化。人才是推动会计事业繁荣发展的不竭动力，在信息化的大环境下，人才培养不仅要关注人才的专业素质，更要关注人才的综合素质，因此，实现财会业务一体化，离不开现代化的高端财务管理人员，这是信息化背景下企业财务管理转型与优化的必要保证。

参考文献

[1] 魏静 . 财务管理案例 [M]. 昆明：云南大学出版社，2022.

[2] 揭志锋 . 财务管理（第 3 版）[M]. 沈阳：东北财经大学出版社，2022.

[3] 周玉琼，肖何，周明辉 . 财务管理与金融创新 [M]. 北京：中国财富出版社，2022.

[4] 王攀娜，熊磊 . 企业财务管理 [M]. 重庆：重庆大学出版社，2022..

[5] 熊璐瑛 . 物业财务管理 [M]. 北京：北京理工大学出版社，2022.

[6] 尹燕婷，范玲 . 企业会计监管与财务管理 [M]. 延吉：延边大学出版社，2022.

[7] 易姣龙 . 中级财务管理随堂练习 [M]. 昆明：云南大学出版社，2022.

[8] 朱菲菲 . 财务管理高效工作法 [M]. 北京：中国铁道出版社，2022.

[9] 高云进，董牧，施欣美 . 大数据时代下财务管理研究 [M]. 长春：吉林人民出版社，2021.

[10] 解勤华，王春峰，李璇 . 财务管理与会计实践研究 [M]. 长春：吉林出版集团股份有限公司，2021.

[11] 胡椰青，田亚会，马悦 . 企业财务管理能力培养与集团财务管控研究 [M]. 长春：吉林文史出版社，2021.

[12] 曹锋，郑爱民 . 互联网背景下财务管理创新研究 [M]. 沈阳：辽宁大学出版社，2021.

[13] 赵磊，杨秋歌，杨晓征 . 财务会计管理研究 [M]. 长春：吉林出版集团股份有限公司，2021.

[14] 景静 . 财务会计与企业管理研究 [M]. 北京：北京工业大学出版社，2021.

[15] 司倩蔚，蔡回辽，孙美玲 . 财务管理与经济发展研究（第 1 版）[M]. 长春：吉林科学技术出版社，2021.

[16] 王鲁泉 . 财务管理与金融创新研究 [M]. 长春：吉林出版集团股份有限公司，2020.

[17] 刘建华，安海峰，王雪艳 . 财务管理与成本控制研究 [M]. 长春：吉林大学出版

社，2020.

[18] 胡娜．现代企业财务管理与金融创新研究 [M]. 长春：吉林人民出版社，2020.

[19] 刘赛，刘小海．智能时代财务管理转型研究 [M]. 长春：吉林人民出版社，2020.

[20] 张顺华．中小企业财务管理问题研究 [M]. 长春：吉林出版集团股份有限公司，2020.

[21] 崔彬．财务管理与审计创新研究 [M]. 北京：中国原子能出版社，2020.

[22] 王盛．财务管理信息化研究 [M]. 长春：吉林大学出版社，2020.

[23] 武建平，王坤，孙翠洁．企业运营与财务管理研究 [M]. 长春：吉林人民出版社，2019.

[24] 叶肖剑．建筑工程会计与财务管理研究 [M]. 北京：文化发展出版社，2019.

[25] 董艳丽．新时代背景下的财务管理研究 [M]. 长春：吉林人民出版社，2019.

[26] 陈凌云．财务管理与成本控制研究 [M]. 北京：中国原子能出版社，2019.

[27] 刘媛，姜剑，胡琳．企业财务管理与内部审计研究 [M]. 郑州：黄河水利出版社，2019.

[28] 王明吉，崔学贤．PPP 项目财务管理问题研究 [M]. 石家庄：河北人民出版社，2019.

[29] 杨林霞，刘晓晖．中小企业财务管理创新研究与改革 [M]. 长春：吉林人民出版社，2019.

[30] 阮磊．内部控制与企业财务管理绩效研究 [M]. 长春：吉林大学出版社，2019.

[31] 赵文妍，曹丽．财务管理与理论研究 [M]. 哈尔滨：黑龙江科学技术出版社，2019.